주기도문

하늘에 계신 우리 아버지여,
이름이 거룩히 여김을 받으시오며,
나라이 임하옵시며,
뜻이 하늘에서 이룬 것같이
땅에서도 이루어지이다.
오늘날 우리에게 일용할 양식을 주옵시고,
우리가 우리에게
죄 지은 자를 사하여 준 것같이
우리 죄를 사하여 주옵시고,
우리를 시험에 들게 하지 마옵시고,
다만 악에서 구하옵소서.
대개 나라와 권세와 영광이
아버지께 영원히 있사옵나이다.
아멘.

The Lord's Prayer

Our Father in heaven,
hallowed be your name,
your kingdom come,
your will be done on earth as it is in heaven.

Give us today our daily bread.
Forgive us our debts, as we also have forgiven our debtors.
And lead us not into temptation,
but deliver us from the evil one. (Matthew 6:9-13)

For yours is the kingdom, and the power,
and the glory forever. Amen.

이슬비성경암송노트

유니게 과정 1 · 2단계

이슬비성경암송노트

유니게 과정 1 · 2단계

개역한글/개역개정/NIV

●

여운학 엮음

규장

303비전을 품고

나에겐 소박한 믿음이 있습니다. 하나님께서 우리 민족을 새 백성으로 삼으사 향후 100년 안에 세계에서 뛰어난 기독교 선진국으로 만들어주시리라는 믿음입니다.

"네가 네 하나님 여호와의 말씀을 삼가 듣고 내가 오늘날 네게 명하는 그 모든 명령을 지켜 행하면 네 하나님 여호와께서 너를 세계 모든 민족 위에 뛰어나게 하실 것이라"(신 28:1)라는 말씀이 믿어지기 때문입니다.

또한 나에게는 소박한 꿈이 있습니다. **'303비전'** 입니다. 30년을 한 세대로 3대까지 대를 이어가며, 어려서부터 가정과 교회 학교에서 하나님의 말씀 중 엄선된 말씀들을 잘 외우고, 이를 삶에 적용하는 훈련을 시킵니다. 믿는 가정에서 이렇게 자란 우리의 후세대들은 대를 이을수록 놀라운 성품, 곧 그리스도의 마음을 품은 참제자들로 자라게 됩니다. 이리하여 21세기가 다 지나기 전에 미쁘신 하나님께서 우리 민족으로 하여금 모든 분야에서 세계의 으뜸가는 백성으로 삼아주시리라는 꿈입니다.

이 꿈을 이루기 위해서는 먼저 교회의 영적 지도자를 양육하는 것이 우선이라고 생각하여 1995년 이슬비장학회를 만들었습니다. 2년마다 목회자 후보생 중 10명 안팎의 장학생을 뽑아 2년 동안 신앙인격 훈련과 더불어 750절의 말씀암송 훈련을 계속해

오다가 올해 7기생부터는 1,000절(국문 850절과 영문 150절)을 암송케 하기로 하였습니다.

한편, 1999년부터는 매년 3회에 걸쳐 이슬비성경암송학교 유니게 과정을 통해서 어머니, 젊은 할머니, 주일학교 교사들을 주 대상으로 말씀암송 훈련을 시키고 있습니다. 본 교재는 유니게 과정 제1, 2단계의 커리큘럼에 따라 엮은 말씀암송 노트입니다.

어떤 어머니는 너무 감격하여 눈물을 머금은 듯한 목소리로 이렇게 간증합니다.

"제가 예수 믿은 지 20년이 가까워지는데요, 처음 믿기 시작할 때부터 소위 사랑장이라고 하는 고린도전서 13장이 너무 좋아서 외워보려고 했지만 이제껏 뜻을 이루지 못하다가 암송학교에 등록하고 단 한 주 만에 거뜬히 외우게 되었어요. 어찌나 신기하고 놀라운지 모르겠어요. 제 자신에게 이런 능력이 있다는 것이 도저히 믿어지지 않아요."

또한 자녀교육을 위하여 유니게 과정에 등록한 한 집사님은 말씀을 암송하면서 받은 은혜로 자신이 먼저 변하니까 부부관계도 더욱 원만해졌다고 말합니다. 또 엄마가 열심히 소리 내어 외우는 것을 들으며 아이들이 엄마보다 먼저 말씀을 외우는 것을 보고 놀랐다고 간증합니다.

어떤 어머니는 아이들과 가정예배를 드리기가 힘들었는데 이제는 암송예배를 드리며 아이들을 칭찬하고 상도 주니까 아이들이 먼저 가정예배를 드리자고 조를 판이라고 말합니다.

나 역시 유치원에 다니는 손주 인환이에게 말씀암송을 가르치려고 해보았지요. 하지만 번번이 실패했는데 며느리가 유니게 과정 8기에 들어오자마자 인환이가 시편 1편, 23편과 요한복음 15장 1절부터 5절, 마태복음 5장 3절부터 10절을 거뜬히 외우는 것을 보면서 '그렇다. 엄마가 본을 보이며 가르치는 것이 최고야' 라는 확신을 갖게 되었답니다.

개역한글 성경 외에 영어(New International Version : NIV)와 개역개정 성경을 병기한 것은 교회에서 사용하는 성경에 따라 외울 수 있도록 하기 위함이며, 초등학교에서도 영어를 배우는 요즘 어릴 때부터 성경을 우리말과 함께 영어로 암송하면 신앙과 영어교육에 시너지효과를 가져오리라 기대하기 때문입니다. 앞뒤 면지에는 국영문의 주기도문과 사도신경을 실었습니다. 영문 주기도문은 마태복음(6:9-13)에서 그대로 옮겼으며, 영문 사도신경은 복음주의 신학자 알리스터 맥그라스의 저서 'I Believe' 에서 이해하기 쉽게 재편집하여 옮겼습니다. 작년에 코리아헤럴드 사장으로 부임한 홍정욱 박사는 일찍이 고교 시절, 미국으로 이민간 직후 시편과 그리스 신화를 영어로 몽땅 암송했더니 영어가 저

절로 되더라고 인터뷰에서 밝힌 바 있는 것으로 알고 있습니다.

나의 조카딸 은희는 초등학교 4학년 때 1년 동안 내게 성경을 암송하는 훈련을 받고 85년도에 성경 112절을 암송하는 가운데 미국으로 이민을 갔습니다. 그녀는 재작년에 하버드대학을 우수한 성적으로 졸업하고 즉시 뉴욕의 로우펌에서 연봉 10만 달러를 받는 변호사로 일하게 되었습니다. 물론 그녀가 성경을 암송한 것만으로 그렇게 되었다고는 생각하지 않지만, 어쨌든 어려서부터 말씀을 암송하게 되면 온전한 믿음을 갖게 될 뿐 아니라 집중력이 좋아지고 자신감이 붙어서 학교 공부도 잘하게 된다는 사실을 나는 확신합니다.

우리는 380여 년 전, 영국의 청교도들이 신앙의 자유를 찾아 메이플라워호를 타고 미국으로 건너온 102인의 필그림 파더즈로 인하여 오늘의 미국이 이루어졌다는 것을 잘 압니다. 오늘의 303비전 호를 타고 출범하는 이 땅의 말씀암송 개척 세대들로 인해 이루어질 30년, 60년, 100년 후의 한국을 그려봅니다. 이름 그대로 하나님의 말씀이 생활화되어 가정마다, 교회마다 하나님의 말씀암송과 묵상과 적용의 꽃이 피고 소담스런 열매가 주렁주렁 맺히는 꿈을 우리 다함께 가슴에 품고 나아가지 않으시렵니까?

2003년 2월 3일

여운학

성경암송노트 활용의 지혜

1. 짝수쪽 상단의 개역한글 성경과 하단의 개역개정 성경 중에 출석하는 교회에서 사용하는 성경을 암송하십시오.

2. 할 수 있으면 홀수쪽의 영어성경(NIV)을 함께 읽으십시오. 그리하면 더 깊은 이해에 이르게 될 것입니다.

3. 말씀을 사모하는 마음으로 간절히 기도하고 암송하십시오. 그리하면 주께서 놀라운 집중력과 암기력을 주실 겁니다.

4. 먼저 우리말을 암송하십시오. 암송은 자기 나름대로의 방법으로 해도 좋지만 '하니비 암송법' 을 활용하면 더 빨리, 더 쉽게 암송할 수 있을 것입니다. 하니비 암송법이란 하나님께서 꿀벌에게 주신 지혜를 적용한 것입니다.

벌의 빠른 날갯짓처럼 빠른 속도로 반복 훈련할 것. 긴 문장을 두세 토막으로 나누어 앞부분부터 철저히 따로 암송하여 말씀이 입에서 저절로 흘러나올 때까지 반복 암송한 다음에 한 토막씩 합쳐서 암송하면 아무리 긴 문장도 단 몇 분 안에 외워집니다.

5. 우리말 암송이 익숙해진 다음에는 영어로 암송하도록 권합니다. 특히 초 · 중 · 고등부나 청년대학부에서 영어로 암송하는 훈련을 쌓으면 영어회화 능력이 크게 향상됩니다.

6. 일단 암송한 말씀도 사도신경이나 주기도문처럼 매일 반복하여 암송하지 아니하면 잊어버리게 마련입니다. 그러므로 매일 지속할 수 있도록 일정한 암송시간을 정해놓는 지혜가 필요합니다.

이를테면, 새벽예배 후 기도를 시작하기 전 10분 내지 2, 30분간 출퇴근길의 전철(버스, 자가용) 안에서 등등.

7. 성경암송에 열중하다보면 성경읽기와 기도에 소홀하기 쉬우므로, 성경읽기와 기도하는 시간 역시 지혜롭게 정해놓고 실천하십시오.

8. 성경암송은 목적이 선해야 합니다. 자랑삼아 하거나 암송대회에서 일등을 하기 위해서라면 주께서 기뻐하지 않으십니다. 전도를 위하여 또는 하나님과 더욱 가까워지기 위하여, 성결한 삶을 위하여 암송할 때 주께서 기쁨과 평안과 지혜를 더하여주십니다.

9. "선 줄로 생각하는 자는 넘어질까 조심하라"(고전 10:12)라고 하신 말씀을 새기고 많이 암송할수록 더 겸손히, 더 경건히, 더 부지런히 전진하시기 원합니다.

10. 절수를 표시할 때 * 표는 장(편)의 끝 절이라는 표시입니다.

유니게 과정 1단계 100절

나를 사랑하는자들이 나의 사랑을 입으며
나를 간절히 찾는 자가 나를 만날 것이니라
(잠 8:17)

Contents

I love those who love me,
and those who seek me find me.
(Proverbs 8:17)

first week

second week

third week

유니게 과정 1단계 100절

나를 사랑하는자들이 나의 사랑을 입으며
나를 간절히 찾는 자가 나를 만날 것이니라
(잠 8:17)

I love those who love me,
and those who seek me find me.
(Proverbs 8:17)

유니게 과정 2단계 100절

마땅히 행할 길을 아이에게 가르치라
그리하면 늙어도 그것을 떠나지 아니하리라
(잠 22:6)

첫째 달

둘째 달

Train a child in the way he should go,
and when he is old he will not turn from it.
(Proverbs 22:6)

first month

second month

유니게 과정 2단계 100절

마땅히 행할 길을 아이에게 가르치라
그리하면 늙어도 그것을 떠나지 아니하리라
(잠 22:6)

셋째 달

Train a child in the way he should go,
and when he is old he will not turn from it.
(Proverbs 22:6)

third month

100절

이슬비성경암송노트

유니게 과정

제 1 단계

첫째 주 과정

고린도전서 13:1-13*
신명기 6:4-9
로마서 3:23,24
갈라디아서 2:20

고린도전서 13:1-13*

바울의 사랑장 - 사랑이 없으면

개역한글 성경

1 내가 사람의 방언과 천사의 말을 할지라도 사랑이 없으
면 소리나는 구리와 울리는 꽹과리가 되고

2 내가 예언하는 능이 있어 모든 비밀과 모든 지식을 알고
또 산을 옮길 만한 모든 믿음이 있을지라도 사랑이 없으
면 내가 아무것도 아니요

3 내가 내게 있는 모든 것으로 구제하고 또 내 몸을 불사르
게 내어줄지라도 사랑이 없으면 내게 아무 유익이 없느
니라

개역개정 성경

1 내가 사람의 방언과 천사의 말을 할지라도 사랑이 없으면 소리
나는 구리와 울리는 꽹과리가 되고

2 내가 예언하는 능력이 있어 모든 비밀과 모든 지식을 알고 또
산을 옮길 만한 모든 믿음이 있을지라도 사랑이 없으면 내가 아
무것도 아니요

3 내가 내게 있는 모든 것으로 구제하고 또 내 몸을 불사르게 내
줄지라도 사랑이 없으면 내게 아무 유익이 없느니라

1 Corinthians 13:1-13*

NIV

1 If I speak in the tongues of men and of angels, but have not love, I am only a resounding gong or a clanging cymbal.

2 If I have the gift of prophecy and can fathom all mysteries and all knowledge, and if I have a faith that can move mountains, but have not love, I am nothing.

3 If I give all I possess to the poor and surrender my body to the flames, but have not love, I gain nothing.

말씀암송으로 얻은 은혜와 묵상

고린도전서 13:1-13*

바울의 사랑장 - 사랑의 15가지 덕목

개역한글 성경

4 사랑은 오래 참고 사랑은 온유하며 투기하는 자가 되지
아니하며 사랑은 자랑하지 아니하며 교만하지 아니하며
5 무례히 행치 아니하며 자기의 유익을 구치 아니하며 성
내지 아니하며 악한 것을 생각지 아니하며
6 불의를 기뻐하지 아니하며 진리와 함께 기뻐하고
7 모든 것을 참으며 모든 것을 믿으며 모든 것을 바라며 모
든 것을 견디느니라
8 사랑은 언제까지든지 떨어지지 아니하나 예언도 폐하고
방언도 그치고 지식도 폐하리라

개역개정 성경

4 사랑은 오래 참고 사랑은 온유하며 시기하지 아니하며 사랑은
자랑하지 아니하며 교만하지 아니하며
5 무례히 행하지 아니하며 자기의 유익을 구하지 아니하며 성내
지 아니하며 악한 것을 생각하지 아니하며
6 불의를 기뻐하지 아니하며 진리와 함께 기뻐하고
7 모든 것을 참으며 모든 것을 믿으며 모든 것을 바라며 모든 것
을 견디느니라
8 사랑은 언제까지나 떨어지지 아니하되 예언도 폐하고 방언도
그치고 지식도 폐하리라

1 Corinthians 13:1-13*

NIV

4 Love is patient, love is kind. It does not envy, it does not boast, it is not proud.

5 It is not rude, it is not self-seeking, it is not easily angered, it keeps no record of wrongs.

6 Love does not delight in evil but rejoices with the truth.

7 It always protects, always trusts, always hopes, always perseveres.

8 Love never fails. But where there are prophecies, they will cease; where there are tongues, they will be stilled; where there is knowledge, it will pass away.

말씀암송으로 얻은 은혜와 묵상

고린도전서 13:1-13*

바울의 사랑장 - 믿음, 소망, 사랑

개역한글 성경

9 우리가 부분적으로 알고 부분적으로 예언하니
10 온전한 것이 올 때에는 부분적으로 하던 것이 폐하리라
11 내가 어렸을 때에는 말하는 것이 어린 아이와 같고 깨닫
는 것이 어린 아이와 같고 생각하는 것이 어린 아이와 같
다가 장성한 사람이 되어서는 어린 아이의 일을 버렸노라
12 우리가 이제는 거울로 보는 것같이 희미하나 그 때에는
얼굴과 얼굴을 대하여 볼 것이요 이제는 내가 부분적으
로 아나 그 때에는 주께서 나를 아신 것같이 내가 온전히
알리라
13 그런즉 믿음, 소망, 사랑, 이 세 가지는 항상 있을 것인데
그중에 제일은 사랑이라

개역개정 성경

9 우리는 부분적으로 알고 부분적으로 예언하니
10 온전한 것이 올 때에는 부분적으로 하던 것이 폐하리라
11 내가 어렸을 때에는 말하는 것이 어린 아이와 같고 깨닫는 것이
어린 아이와 같고 생각하는 것이 어린 아이와 같다가 장성한 사
람이 되어서는 어린 아이의 일을 버렸노라
12 우리가 지금은 거울로 보는 것같이 희미하나 그 때에는 얼굴과
얼굴을 대하여 볼 것이요 지금은 내가 부분적으로 아나 그 때에
는 주께서 나를 아신 것같이 내가 온전히 알리라
13 그런즉 믿음, 소망, 사랑, 이 세 가지는 항상 있을 것인데 그 중
의 제일은 사랑이라

1 Corinthians 13:1-13*

NIV

9 For we know in part and we prophesy in part,

10 but when perfection comes, the imperfect disappears.

11 When I was a child, I talked like a child, I thought like a
child, I reasoned like a child. When I became a man, I put
childish ways behind me.

12 Now we see but a poor reflection as in a mirror; then we
shall see face to face. Now I know in part; then I shall know
fully, even as I am fully known.

13 And now these three remain: faith, hope and love. But the
greatest of these is love.

말씀암송으로 얻은 은혜와 묵상

신명기 6:4-9

쉐마 이스라엘

개역한글 성경

4 이스라엘아 들으라 우리 하나님 여호와는 오직 하나인
여호와시니

5 너는 마음을 다하고 성품을 다하고 힘을 다하여 네 하나
님 여호와를 사랑하라

6 오늘날 내가 네게 명하는 이 말씀을 너는 마음에 새기고

개역개정 성경

4 이스라엘아 들으라 우리 하나님 여호와는 오직 유일한 여호와
이시니

5 너는 마음을 다하고 뜻을 다하고 힘을 다하여 네 하나님 여호와
를 사랑하라

6 오늘 내가 네게 명하는 이 말씀을 너는 마음에 새기고

Deuteronomy 6:4-9

NIV

4 Hear, O Israel: The LORD our God, the LORD is one.

5 Love the LORD your God with all your heart and with all your soul and with all your strength.

6 These commandments that I give you today are to be upon your hearts.

말씀암송으로 얻은 은혜와 묵상

신명기 6:4-9

자녀 교육

개역한글 성경

7 네 자녀에게 부지런히 가르치며 집에 앉았을 때에든지
길에 행할 때에든지 누웠을 때에든지 일어날 때에든지
이 말씀을 강론할 것이며

8 너는 또 그것을 네 손목에 매어 기호를 삼으며 네 미간에
붙여 표를 삼고

9 또 네 집 문설주와 바깥 문에 기록할지니라

개역개정 성경

7 네 자녀에게 부지런히 가르치며 집에 앉았을 때에든지 길을 갈
때에든지 누워 있을 때에든지 일어날 때에든지 이 말씀을 강론
할 것이며

8 너는 또 그것을 네 손목에 매어 기호를 삼으며 네 미간에 붙여 표
로 삼고

9 또 네 집 문설주와 바깥 문에 기록할지니라

Deuteronomy 6:4-9

NIV

7 Impress them on your children. Talk about them when you
sit at home and when you walk along the road, when you lie
down and when you get up.

8 Tie them as symbols on your hands and bind them on your
foreheads.

9 Write them on the doorframes of your houses and on your
gates.

말씀암송으로 얻은 은혜와 묵상

로마서 3:23,24

그리스도의 속량

개역한글 성경

23 모든 사람이 죄를 범하였으매 하나님의 영광에 이르지
못하더니

24 그리스도 예수 안에 있는 구속으로 말미암아 하나님의
은혜로 값 없이 의롭다 하심을 얻은 자 되었느니라

개역개정 성경

23 모든 사람이 죄를 범하였으매 하나님의 영광에 이르지 못하
더니

24 그리스도 예수 안에 있는 속량으로 말미암아 하나님의 은혜로
값 없이 의롭다 하심을 얻은 자 되었느니라

Romans 3:23,24

NIV

23 (There is no difference) for all have sinned and fall short of the glory of God,

24 and are justified freely by his grace through the redemption that came by Christ Jesus.

말씀암송으로 얻은 은혜와 묵상

갈라디아서 2:20

그리스도께서 내 안에

개역한글 성경

20 내가 그리스도와 함께 십자가에 못 박혔나니 그런즉 이
제는 내가 산 것이 아니요 오직 내 안에 그리스도께서 사
신 것이라 이제 내가 육체 가운데 사는 것은 나를 사랑하
사 나를 위하여 자기 몸을 버리신 하나님의 아들을 믿는
믿음 안에서 사는 것이라

개역개정 성경

20 내가 그리스도와 함께 십자가에 못 박혔나니 그런즉 이제는 내
가 사는 것이 아니요 오직 내 안에 그리스도께서 사시는 것이라
이제 내가 육체 가운데 사는 것은 나를 사랑하사 나를 위하여
자기 자신을 버리신 하나님의 아들을 믿는 믿음 안에서 사는 것
이라

Galatians 2:20

NIV

20 I have been crucified with Christ and I no longer live, but
Christ lives in me. The life I live in the body, I live by faith in
the Son of God, who loved me and gave himself for me.

말씀암송으로 얻은 은혜와 묵상

둘째 주 과정

마태복음 7:7–14
시편 1:1–6*
시편 23:1–6*

마태복음 7:7-14

구하라 주시리라

개역한글 성경

7 구하라 그러면 너희에게 주실 것이요 찾으라 그러면 찾
을 것이요 문을 두드리라 그러면 너희에게 열릴 것이니
8 구하는 이마다 얻을 것이요 찾는 이가 찾을 것이요 두드
리는 이에게 열릴 것이니라
9 너희 중에 누가 아들이 떡을 달라 하면 돌을 주며
10 생선을 달라 하면 뱀을 줄 사람이 있겠느냐

✚ 개역개정 성경

7 구하라 그리하면 너희에게 주실 것이요 찾으라 그리하면 찾아
낼 것이요 문을 두드리라 그리하면 너희에게 열릴 것이니
8 구하는 이마다 받을 것이요 찾는 이는 찾아낼 것이요 두드리는
이에게는 열릴 것이니라
9 너희 중에 누가 아들이 떡을 달라 하는데 돌을 주며
10 생선을 달라 하는데 뱀을 줄 사람이 있겠느냐

Matthew 7:7-14

NIV

7 "Ask and it will be given to you; seek and you will find;
knock and the door will be opened to you.

8 For everyone who asks receives; he who seeks finds; and to
him who knocks, the door will be opened.

9 "Which of you, if his son asks for bread, will give him a
stone?

10 Or if he asks for a fish, will give him a snake?

말씀암송으로 얻은 은혜와 묵상

마태복음 7:7–14

황금률

개역한글 성경

11 너희가 악한 자라도 좋은 것으로 자식에게 줄줄 알거든
하물며 하늘에 계신 너희 아버지께서 구하는 자에게 좋
은 것으로 주시지 않겠느냐
12 그러므로 무엇이든지 남에게 대접을 받고자 하는 대로
너희도 남을 대접하라 이것이 율법이요 선지자니라
13 좁은 문으로 들어가라 멸망으로 인도하는 문은 크고 그
길이 넓어 그리로 들어가는 자가 많고
14 생명으로 인도하는 문은 좁고 길이 협착하여 찾는 이가
적음이니라

개역개정 성경

11 너희가 악한 자라도 좋은 것으로 자식에게 줄 줄 알거든 하물며
하늘에 계신 너희 아버지께서 구하는 자에게 좋은 것으로 주시
지 않겠느냐
12 그러므로 무엇이든지 남에게 대접을 받고자 하는 대로 너희도
남을 대접하라 이것이 율법이요 선지자니라
13 좁은 문으로 들어가라 멸망으로 인도하는 문은 크고 그 길이 넓
어 그리로 들어가는 자가 많고
14 생명으로 인도하는 문은 좁고 길이 협착하여 찾는 자가 적음
이라

Matthew 7:7-14

NIV

11 If you, then, though you are evil, know how to give good gifts to your children, how much more will your Father in heaven give good gifts to those who ask him!

12 So in everything, do to others what you would have them do to you, for this sums up the Law and the Prophets.

13 "Enter through the narrow gate. For wide is the gate and broad is the road that leads to destruction, and many enter through it.

14 But small is the gate and narrow the road that leads to life, and only a few find it.

말씀암송으로 얻은 은혜와 묵상

시편 1:1–6*

복 있는 사람

개역한글 성경

1 복 있는 사람은 악인의 꾀를 좇지 아니하며 죄인의 길에
서지 아니하며 오만한 자의 자리에 앉지 아니하고
2 오직 여호와의 율법을 즐거워하여 그 율법을 주야로 묵
상하는 자로다
3 저는 시냇가에 심은 나무가 시절을 좇아 과실을 맺으며
그 잎사귀가 마르지 아니함 같으니 그 행사가 다 형통하
리로다

개역개정 성경

1 복 있는 사람은 악인들의 꾀를 따르지 아니하며 죄인들의 길에
서지 아니하며 오만한 자들의 자리에 앉지 아니하고
2 오직 여호와의 율법을 즐거워하여 그의 율법을 주야로 묵상하
는도다
3 그는 시냇가에 심은 나무가 철을 따라 열매를 맺으며 그 잎사귀
가 마르지 아니함 같으니 그가 하는 모든 일이 다 형통하리로다

Psalm 1:1-6*

NIV

1 Blessed is the man who does not walk in the counsel of the wicked or stand in the way of sinners or sit in the seat of mockers.

2 But his delight is in the law of the LORD, and on his law he meditates day and night.

3 He is like a tree planted by streams of water, which yields its fruit in season and whose leaf does not wither. Whatever he does prospers.

말씀암송으로 얻은 은혜와 묵상

시편 1:1-6*

의인의 길

개역한글 성경

4 악인은 그렇지 않음이여 오직 바람에 나는 겨와 같도다
5 그러므로 악인이 심판을 견디지 못하며 죄인이 의인의
회중에 들지 못하리로다
6 대저 의인의 길은 여호와께서 인정하시나 악인의 길은
망하리로다

개역개정 성경

4 악인들은 그렇지 아니함이여 오직 바람에 나는 겨와 같도다
5 그러므로 악인들은 심판을 견디지 못하며 죄인들이 의인들의
모임에 들지 못하리로다
6 무릇 의인들의 길은 여호와께서 인정하시나 악인들의 길은 망
하리로다

Psalm 1:1-6*

NIV

4 Not so the wicked! They are like chaff that the wind blows away.

5 Therefore the wicked will not stand in the judgment, nor sinners in the assembly of the righteous.

6 For the LORD watches over the way of the righteous, but the way of the wicked will perish.

말씀암송으로 얻은 은혜와 묵상

시편 23:1–6*

여호와는 나의 목자

개역한글 성경

1 여호와는 나의 목자시니 내가 부족함이 없으리로다

2 그가 나를 푸른 초장에 누이시며 쉴 만한 물 가으로 인도하시는도다

3 내 영혼을 소생시키시고 자기 이름을 위하여 의의 길로 인도하시는도다

4 내가 사망의 음침한 골짜기로 다닐지라도 해를 두려워하지 않을 것은 주께서 나와 함께하심이라 주의 지팡이와 막대기가 나를 안위하시나이다

✚ 개역개정 성경

1 여호와는 나의 목자시니 내게 부족함이 없으리로다

2 그가 나를 푸른 풀밭에 누이시며 쉴 만한 물 가로 인도하시는도다

3 내 영혼을 소생시키시고 자기 이름을 위하여 의의 길로 인도하시는도다

4 내가 사망의 음침한 골짜기로 다닐지라도 해를 두려워하지 않을 것은 주께서 나와 함께하심이라 주의 지팡이와 막대기가 나를 안위하시나이다

Psalm 23:1-6*

NIV

1 The LORD is my shepherd, I shall not be in want.

2 He makes me lie down in green pastures, he leads me beside quiet waters,

3 he restores my soul. He guides me in paths of righteousness for his name's sake.

4 Even though I walk through the valley of the shadow of death, I will fear no evil, for you are with me; your rod and your staff, they comfort me.

말씀암송으로 얻은 은혜와 묵상

시편 23:1-6*

내 잔이 넘치나이다

개역한글 성경

5 주께서 내 원수의 목전에서 내게 상을 베푸시고 기름으
로 내 머리에 바르셨으니 내 잔이 넘치나이다
6 나의 평생에 선하심과 인자하심이 정녕 나를 따르리니
내가 여호와의 집에 영원히 거하리로다

개역개정 성경

5 주께서 내 원수의 목전에서 내게 상을 차려 주시고 기름을 내
머리에 부으셨으니 내 잔이 넘치나이다
6 내 평생에 선하심과 인자하심이 반드시 나를 따르리니 내가 여
호와의 집에 영원히 살리로다

Psalm 23:1-6*

NIV

5 You prepare a table before me in the presence of my
enemies. You anoint my head with oil; my cup overflows.
6 Surely goodness and love will follow me all the days of my
life, and I will dwell in the house of the LORD forever.

말씀암송으로 얻은 은혜와 묵상

셋째 주 과정

시편 100:1-5*
마태복음 5:1-16
데살로니가전서 2:13

시편 100:1-5*

여호와를 송축하라

개역한글 성경

1 온 땅이여 여호와께 즐거이 부를지어다

2 기쁨으로 여호와를 섬기며 노래하면서 그 앞에 나아갈지
어다

3 여호와가 우리 하나님이신 줄 너희는 알지어다 그는 우
리를 지으신 자시요 우리는 그의 것이니 그의 백성이요
그의 기르시는 양이로다

4 감사함으로 그 문에 들어가며 찬송함으로 그 궁정에 들
어가서 그에게 감사하며 그 이름을 송축할지어다

5 대저 여호와는 선하시니 그 인자하심이 영원하고 그 성
실하심이 대대에 미치리로다

개역개정 성경

1 온 땅이여 여호와께 즐거운 찬송을 부를지어다

2 기쁨으로 여호와를 섬기며 노래하면서 그의 앞에 나아갈지어다

3 여호와가 우리 하나님이신 줄 너희는 알지어다 그는 우리를 지
으신 이요 우리는 그의 것이니 그의 백성이요 그의 기르시는 양
이로다

4 감사함으로 그의 문에 들어가며 찬송함으로 그의 궁정에 들어
가서 그에게 감사하며 그의 이름을 송축할지어다

5 여호와는 선하시니 그의 인자하심이 영원하고 그의 성실하심이
대대에 이르리로다

Psalm 100:1-5*

NIV

1 Shout for joy to the LORD, all the earth.

2 Worship the LORD with gladness; come before him with joyful songs.

3 Know that the LORD is God. It is he who made us, and we are his; we are his people, the sheep of his pasture.

4 Enter his gates with thanksgiving and his courts with praise; give thanks to him and praise his name.

5 For the LORD is good and his love endures forever; his faithfulness continues through all generations.

말씀암송으로 얻은 은혜와 묵상

마태복음 5:1-16

산상수훈 - 팔복

개역한글 성경

1 예수께서 무리를 보시고 산에 올라가 앉으시니 제자들이 나아온지라

2 입을 열어 가르쳐 가라사대

3 심령이 가난한 자는 복이 있나니 천국이 저희 것임이요

4 애통하는 자는 복이 있나니 저희가 위로를 받을 것임이요

5 온유한 자는 복이 있나니 저희가 땅을 기업으로 받을 것임이요

개역개정 성경

1 예수께서 무리를 보시고 산에 올라가 앉으시니 제자들이 나아온지라

2 입을 열어 가르쳐 이르시되

3 심령이 가난한 자는 복이 있나니 천국이 그들의 것임이요

4 애통하는 자는 복이 있나니 그들이 위로를 받을 것임이요

5 온유한 자는 복이 있나니 그들이 땅을 기업으로 받을 것임이요

MATTHEW 5:1-16

NIV

1 Now when he saw the crowds, he went up on a mountainside and sat down. His disciples came to him,

2 and he began to teach them, saying:

3 "Blessed are the poor in spirit, for theirs is the kingdom of heaven.

4 Blessed are those who mourn, for they will be comforted.

5 Blessed are the meek, for they will inherit the earth.

말씀암송으로 얻은 은혜와 묵상

마태복음 5:1-16

산상수훈 - 팔복

개역한글 성경

6 의에 주리고 목마른 자는 복이 있나니 저희가 배부를 것
임이요
7 긍휼히 여기는 자는 복이 있나니 저희가 긍휼히 여김을
받을 것임이요
8 마음이 청결한 자는 복이 있나니 저희가 하나님을 볼 것
임이요
9 화평케 하는 자는 복이 있나니 저희가 하나님의 아들이
라 일컬음을 받을 것임이요
10 의를 위하여 핍박을 받은 자는 복이 있나니 천국이 저희
것임이라

개역개정 성경

6 의에 주리고 목마른 자는 복이 있나니 그들이 배부를 것임이요
7 긍휼히 여기는 자는 복이 있나니 그들이 긍휼히 여김을 받을 것
임이요
8 마음이 청결한 자는 복이 있나니 그들이 하나님을 볼 것임이요
9 화평하게 하는 자는 복이 있나니 그들이 하나님의 아들이라 일
컬음을 받을 것임이요
10 의를 위하여 박해를 받은 자는 복이 있나니 천국이 그들의 것임
이라

MATTHEW 5:1-16

NIV

6 Blessed are those who hunger and thirst for righteousness, for they will be filled.

7 Blessed are the merciful, for they will be shown mercy.

8 Blessed are the pure in heart, for they will see God.

9 Blessed are the peacemakers, for they will be called sons of God.

10 Blessed are those who are persecuted because of righteousness, for theirs is the kingdom of heaven.

말씀암송으로 얻은 은혜와 묵상

마태복음 5:1-16

너희는 세상의 소금

개역한글 성경

11 나를 인하여 너희를 욕하고 핍박하고 거짓으로 너희를
거스려 모든 악한 말을 할 때에는 너희에게 복이 있나니
12 기뻐하고 즐거워하라 하늘에서 너희의 상이 큼이라 너희
전에 있던 선지자들을 이같이 핍박하였느니라
13 너희는 세상의 소금이니 소금이 만일 그 맛을 잃으면 무
엇으로 짜게 하리요 후에는 아무 쓸데없어 다만 밖에 버
리워 사람에게 밟힐 뿐이니라

개역개정 성경

11 나로 말미암아 너희를 욕하고 박해하고 거짓으로 너희를 거슬
러 모든 악한 말을 할 때에는 너희에게 복이 있나니
12 기뻐하고 즐거워하라 하늘에서 너희의 상이 큼이라 너희 전에
있던 선지자들도 이같이 박해하였느니라
13 너희는 세상의 소금이니 소금이 만일 그 맛을 잃으면 무엇으로
짜게 하리요 후에는 아무 쓸데없어 다만 밖에 버려져 사람에게
밟힐 뿐이니라

MATTHEW 5:1-16

NIV

11 "Blessed are you when people insult you, persecute you and
falsely say all kinds of evil against you because of me.

12 Rejoice and be glad, because great is your reward in heaven,
for in the same way they persecuted the prophets who were
before you.

13 "You are the salt of the earth. But if the salt loses its
saltiness, how can it be made salty again? It is no longer
good for anything, except to be thrown out and trampled by
men.

말씀암송으로 얻은 은혜와 묵상

마태복음 5:1-16

너희는 세상의 빛

개역한글 성경

14 너희는 세상의 빛이라 산 위에 있는 동네가 숨기우지 못
할 것이요
15 사람이 등불을 켜서 말 아래 두지 아니하고 등경 위에 두
나니 이러므로 집안 모든 사람에게 비취느니라
16 이같이 너희 빛을 사람 앞에 비취게 하여 저희로 너희 착
한 행실을 보고 하늘에 계신 너희 아버지께 영광을 돌리
게 하라

개역개정 성경

14 너희는 세상의 빛이라 산 위에 있는 동네가 숨겨지지 못할 것
이요
15 사람이 등불을 켜서 말 아래에 두지 아니하고 등경 위에 두나니
이러므로 집 안 모든 사람에게 비치느니라
16 이같이 너희 빛이 사람 앞에 비치게 하여 그들로 너희 착한 행
실을 보고 하늘에 계신 너희 아버지께 영광을 돌리게 하라

MATTHEW 5:1-16

NIV

14 You are the light of the world. A city on a hill cannot be hidden.

15 Neither do people light a lamp and put it under a bowl. Instead they put it on its stand, and it gives light to everyone in the house.

16 In the same way, let your light shine before men, that they may see your good deeds and praise your Father in heaven.

말씀암송으로 얻은 은혜와 묵상

데살로니가전서 2:13

역사하시는 말씀

개역한글 성경

13 이러므로 우리가 하나님께 쉬지 않고 감사함은 너희가
우리에게 들은바 하나님의 말씀을 받을 때에 사람의 말
로 아니하고 하나님의 말씀으로 받음이니 진실로 그러하
다 이 말씀이 또한 너희 믿는 자 속에서 역사하느니라

개역개정 성경

13 이러므로 우리가 하나님께 끊임없이 감사함은 너희가 우리에게
들은 바 하나님의 말씀을 받을 때에 사람의 말로 받지 아니하고
하나님의 말씀으로 받음이니 진실로 그러하도다 이 말씀이 또
한 너희 믿는 자 가운데에서 역사하느니라

1 Thessalonians 2:13

NIV

13 And we also thank God continually because, when you
received the word of God, which you heard from us, you
accepted it not as the word of men, but as it actually is, the
word of God, which is at work in you who believe.

말씀암송으로 얻은 은혜와 묵상

넷째 주 과정

요한복음 1:1–18
고린도후서 5:17

요한복음 1:1-18

말씀은 곧 하나님

개역한글 성경

1 태초에 말씀이 계시니라 이 말씀이 하나님과 함께 계셨
으니 이 말씀은 곧 하나님이시니라
2 그가 태초에 하나님과 함께 계셨고
3 만물이 그로 말미암아 지은바 되었으니 지은 것이 하나
도 그가 없이는 된 것이 없느니라
4 그 안에 생명이 있었으니 이 생명은 사람들의 빛이라
5 빛이 어두움에 비취되 어두움이 깨닫지 못하더라

개역개정 성경

1 태초에 말씀이 계시니라 이 말씀이 하나님과 함께 계셨으니 이
말씀은 곧 하나님이시니라
2 그가 태초에 하나님과 함께 계셨고
3 만물이 그로 말미암아 지은 바 되었으니 지은 것이 하나도 그가
없이는 된 것이 없느니라
4 그 안에 생명이 있었으니 이 생명은 사람들의 빛이라
5 빛이 어둠에 비치되 어둠이 깨닫지 못하더라

John 1:1-18

NIV

1 In the beginning was the Word, and the Word was with God,
and the Word was God.

2 He was with God in the beginning.

3 Through him all things were made; without him nothing was
made that has been made.

4 In him was life, and that life was the light of men.

5 The light shines in the darkness, but the darkness has not
understood it.

말씀암송으로 얻은 은혜와 묵상

요한복음 1:1-18

참빛으로 오신 예수님

개역한글 성경

6 하나님께로서 보내심을 받은 사람이 났으니 이름은 요한
이라
7 저가 증거하러 왔으니 곧 빛에 대하여 증거하고 모든 사
람으로 자기를 인하여 믿게 하려 함이라
8 그는 이 빛이 아니요 이 빛에 대하여 증거하러 온 자라
9 참빛 곧 세상에 와서 각 사람에게 비취는 빛이 있었나니
10 그가 세상에 계셨으며 세상은 그로 말미암아 지은바 되
었으되 세상이 그를 알지 못하였고

개역개정 성경

6 하나님께로부터 보내심을 받은 사람이 있으니 그의 이름은 요
한이라
7 그가 증언하러 왔으니 곧 빛에 대하여 증언하고 모든 사람이 자
기로 말미암아 믿게 하려 함이라
8 그는 이 빛이 아니요 이 빛에 대하여 증언하러 온 자라
9 참빛 곧 세상에 와서 각 사람에게 비추는 빛이 있었나니
10 그가 세상에 계셨으며 세상은 그로 말미암아 지은 바 되었으되
세상이 그를 알지 못하였고

John 1:1-18

NIV

6 There came a man who was sent from God; his name was
John.

7 He came as a witness to testify concerning that light, so that
through him all men might believe.

8 He himself was not the light; he came only as a witness to
the light.

9 The true light that gives light to every man was coming into
the world.

10 He was in the world, and though the world was made
through him, the world did not recognize him.

말씀암송으로 얻은 은혜와 묵상

요한복음 1:1-18

독생자 예수님

개역한글 성경

11 자기 땅에 오매 자기 백성이 영접지 아니하였으나
12 영접하는 자 곧 그 이름을 믿는 자들에게는 하나님의 자
녀가 되는 권세를 주셨으니
13 이는 혈통으로나 육정으로나 사람의 뜻으로 나지 아니하
고 오직 하나님께로서 난 자들이니라
14 말씀이 육신이 되어 우리 가운데 거하시매 우리가 그 영
광을 보니 아버지의 독생자의 영광이요 은혜와 진리가
충만하더라
15 요한이 그에 대하여 증거하여 외쳐 가로되 내가 전에 말
하기를 내 뒤에 오시는 이가 나보다 앞선 것은 나보다 먼
저 계심이니라 한 것이 이 사람을 가리킴이라 하니라

개역개정 성경

11 자기 땅에 오매 자기 백성이 영접하지 아니하였으나
12 영접하는 자 곧 그 이름을 믿는 자들에게는 하나님의 자녀가 되
는 권세를 주셨으니
13 이는 혈통으로나 육정으로나 사람의 뜻으로 나지 아니하고 오
직 하나님께로부터 난 자들이니라
14 말씀이 육신이 되어 우리 가운데 거하시매 우리가 그의 영광을
보니 아버지의 독생자의 영광이요 은혜와 진리가 충만하더라
15 요한이 그에 대하여 증언하여 외쳐 이르되 내가 전에 말하기를
내 뒤에 오시는 이가 나보다 앞선 것은 나보다 먼저 계심이라
한 것이 이 사람을 가리킴이라 하니라

John 1:1-18

NIV

11 He came to that which was his own, but his own did not
receive him.

12 Yet to all who received him, to those who believed in his
name, he gave the right to become children of God –

13 children born not of natural descent, nor of human decision
or a husband's will, but born of God.

14 The Word became flesh and made his dwelling among us.
We have seen his glory, the glory of the One and Only, who
came from the Father, full of grace and truth.

15 John testifies concerning him. He cries out, saying, "This
was he of whom I said, 'He who comes after me has
surpassed me because he was before me.'"

말씀암송으로 얻은 은혜와 묵상

요한복음 1:1-18

은혜와 진리로 오신 예수님

개역한글 성경

16 우리가 다 그의 충만한 데서 받으니 은혜 위에 은혜러라
17 율법은 모세로 말미암아 주신 것이요 은혜와 진리는 예
수 그리스도로 말미암아 온 것이라
18 본래 하나님을 본 사람이 없으되 아버지 품속에 있는 독
생하신 하나님이 나타내셨느니라

개역개정 성경

16 우리가 다 그의 충만한 데서 받으니 은혜 위에 은혜러라
17 율법은 모세로 말미암아 주어진 것이요 은혜와 진리는 예수 그
리스도로 말미암아 온 것이라
18 본래 하나님을 본 사람이 없으되 아버지 품 속에 있는 독생하신
하나님이 나타내셨느니라

John 1:1-18

NIV

16 From the fullness of his grace we have all received one
blessing after another.

17 For the law was given through Moses; grace and truth came
through Jesus Christ.

18 No one has ever seen God, but God the One and Only, who
is at the Father's side, has made him known.

말씀암송으로 얻은 은혜와 묵상

고린도후서 5:17

새로운 피조물

개역한글 성경

17 그런즉 누구든지 그리스도 안에 있으면 새로운 피조물이
라 이전 것은 지나갔으니 보라 새것이 되었도다

개역개정 성경

17 그런즉 누구든지 그리스도 안에 있으면 새로운 피조물이라 이
전 것은 지나갔으니 보라 새 것이 되었도다

2 Corinthians 5:17

NIV

17 Therefore, if anyone is in Christ, he is a new creation; the old
has gone, the new has come!

말씀암송으로 얻은 은혜와 묵상

다섯째 주 과정

요한복음 15:1-17

요한복음 15:1-17

참포도나무이신 예수님

개역한글 성경

1 내가 참포도나무요 내 아버지는 그 농부라
2 무릇 내게 있어 과실을 맺지 아니하는 가지는 아버지께
서 이를 제해 버리시고 무릇 과실을 맺는 가지는 더 과실
을 맺게 하려 하여 이를 깨끗케 하시느니라
3 너희는 내가 일러준 말로 이미 깨끗하였으니
4 내 안에 거하라 나도 너희 안에 거하리라 가지가 포도나
무에 붙어 있지 아니하면 절로 과실을 맺을 수 없음같이
너희도 내 안에 있지 아니하면 그러하리라

개역개정 성경

1 나는 참포도나무요 내 아버지는 농부라
2 무릇 내게 붙어 있어 열매를 맺지 아니하는 가지는 아버지께서
그것을 제거해 버리시고 무릇 열매를 맺는 가지는 더 열매를 맺
게 하려 하여 그것을 깨끗하게 하시느니라
3 너희는 내가 일러준 말로 이미 깨끗하여졌으니
4 내 안에 거하라 나도 너희 안에 거하리라 가지가 포도나무에 붙
어 있지 아니하면 스스로 열매를 맺을 수 없음같이 너희도 내
안에 있지 아니하면 그러하리라

John 15:1–17

NIV

1 "I am the true vine, and my Father is the gardener.

2 He cuts off every branch in me that bears no fruit, while every branch that does bear fruit he prunes so that it will be even more fruitful.

3 You are already clean because of the word I have spoken to you.

4 Remain in me, and I will remain in you. No branch can bear fruit by itself; it must remain in the vine. Neither can you bear fruit unless you remain in me.

말씀암송으로 얻은 은혜와 묵상

요한복음 15:1-17

나는 포도나무, 너희는 가지

개역한글 성경

5 나는 포도나무요 너희는 가지니 저가 내 안에, 내가 저
안에 있으면 이 사람은 과실을 많이 맺나니 나를 떠나서
는 너희가 아무것도 할 수 없음이라
6 사람이 내 안에 거하지 아니하면 가지처럼 밖에 버리워
말라지나니 사람들이 이것을 모아다가 불에 던져 사르느
니라
7 너희가 내 안에 거하고 내 말이 너희 안에 거하면 무엇이
든지 원하는 대로 구하라 그리하면 이루리라
8 너희가 과실을 많이 맺으면 내 아버지께서 영광을 받으
실 것이요 너희가 내 제자가 되리라

개역개정 성경

5 나는 포도나무요 너희는 가지라 그가 내 안에, 내가 그 안에 거
하면 사람이 열매를 많이 맺나니 나를 떠나서는 너희가 아무것
도 할 수 없음이라
6 사람이 내 안에 거하지 아니하면 가지처럼 밖에 버려져 마르나
니 사람들이 그것을 모아다가 불에 던져 사르느니라
7 너희가 내 안에 거하고 내 말이 너희 안에 거하면 무엇이든지
원하는 대로 구하라 그리하면 이루리라
8 너희가 열매를 많이 맺으면 내 아버지께서 영광을 받으실 것이
요 너희는 내 제자가 되리라

John 15:1-17

NIV

5 "I am the vine; you are the branches. If a man remains in me
and I in him, he will bear much fruit; apart from me you can
do nothing.

6 If anyone does not remain in me, he is like a branch that is
thrown away and withers; such branches are picked up,
thrown into the fire and burned.

7 If you remain in me and my words remain in you, ask
whatever you wish, and it will be given you.

8 This is to my Father's glory, that you bear much fruit,
showing yourselves to be my disciples.

말씀암송으로 얻은 은혜와 묵상

요한복음 15:1–17

예수님의 계명

개역한글 성경

9 아버지께서 나를 사랑하신 것같이 나도 너희를 사랑하였
으니 나의 사랑 안에 거하라
10 내가 아버지의 계명을 지켜 그의 사랑 안에 거하는 것같
이 너희도 내 계명을 지키면 내 사랑 안에 거하리라
11 내가 이것을 너희에게 이름은 내 기쁨이 너희 안에 있어
너희 기쁨을 충만하게 하려 함이니라
12 내 계명은 곧 내가 너희를 사랑한 것같이 너희도 서로 사
랑하라 하는 이것이니라
13 사람이 친구를 위하여 자기 목숨을 버리면 이에서 더 큰
사랑이 없나니

✚ 개역개정 성경

9 아버지께서 나를 사랑하신 것같이 나도 너희를 사랑하였으니
나의 사랑 안에 거하라
10 내가 아버지의 계명을 지켜 그의 사랑 안에 거하는 것같이 너희
도 내 계명을 지키면 내 사랑 안에 거하리라
11 내가 이것을 너희에게 이름은 내 기쁨이 너희 안에 있어 너희
기쁨을 충만하게 하려 함이라
12 내 계명은 곧 내가 너희를 사랑한 것같이 너희도 서로 사랑하라
하는 이것이니라
13 사람이 친구를 위하여 자기 목숨을 버리면 이보다 더 큰 사랑이
없나니

John 15:1-17

NIV

9 "As the Father has loved me, so have I loved you. Now remain in my love.

10 If you obey my commands, you will remain in my love, just as I have obeyed my Father's commands and remain in his love.

11 I have told you this so that my joy may be in you and that your joy may be complete.

12 My command is this: Love each other as I have loved you.

13 Greater love has no one than this, that he lay down his life for his friends.

말씀암송으로 얻은 은혜와 묵상

요한복음 15:1-17

서로 사랑하라

개역한글 성경

14 너희가 나의 명하는 대로 행하면 곧 나의 친구라
15 이제부터는 너희를 종이라 하지 아니하리니 종은 주인의
하는 것을 알지 못함이라 너희를 친구라 하였노니 내가
내 아버지께 들은 것을 다 너희에게 알게 하였음이니라
16 너희가 나를 택한 것이 아니요 내가 너희를 택하여 세웠
나니 이는 너희로 가서 과실을 맺게 하고 또 너희 과실이
항상 있게 하여 내 이름으로 아버지께 무엇을 구하든지
다 받게 하려 함이니라
17 내가 이것을 너희에게 명함은 너희로 서로 사랑하게 하
려함이로라

개역개정 성경

14 너희는 내가 명하는 대로 행하면 곧 나의 친구라
15 이제부터는 너희를 종이라 하지 아니하리니 종은 주인이 하는
것을 알지 못함이라 너희를 친구라 하였노니 내가 내 아버지께
들은 것을 다 너희에게 알게 하였음이라
16 너희가 나를 택한 것이 아니요 내가 너희를 택하여 세웠나니 이
는 너희로 가서 열매를 맺게 하고 또 너희 열매가 항상 있게 하
여 내 이름으로 아버지께 무엇을 구하든지 다 받게 하려 함이라
17 내가 이것을 너희에게 명함은 너희로 서로 사랑하게 하려 함
이라

John 15:1-17

NIV

14 You are my friends if you do what I command.

15 I no longer call you servants, because a servant does not
know his master's business. Instead, I have called you
friends, for everything that I learned from my Father I have
made known to you.

16 You did not choose me, but I chose you and appointed you
to go and bear fruit--fruit that will last. Then the Father will
give you whatever you ask in my name.

17 This is my command: Love each other.

말씀암송으로 얻은 은혜와 묵상

제1단계 과정의 묵상노트

1. 고전 13:1-13(사랑장) 우리에게 가장 친근한 말씀이다. 흔히 '사랑장'이라 부른다. 나는 요한복음 15장과 대비하여 이 장을 '바울의 사랑장'이요, '사랑 각론(各論)'이라고 부른다.

한편 요한복음 15장은 '예수님의 사랑장'이요, '사랑 원론(原論)'이라 부른다. 그리하여 제1단계 과정을 바울의 사랑 각론인 고린도전서 13장으로 시작했고, 예수님의 사랑 원론인 요한복음 15장으로 마무리하도록 짰다.

성도는 누구나 이 사랑장을 암송하고 싶어 한다. 그러나 이를 암송하고 매일 묵상하는 사람은 드문 것 같다. 다행히 사랑장 노래는 많이 부른다. 다만 노래의 가사가 성경과 일치하지 않아 아쉽다. 성경본문을 암송하고 노래도 부르며 묵상한다면 금상첨화가 아닐까.

기독교를 사랑의 종교라고 한다. 아가페의 사랑 실천을 위한 15가지 덕목을 손꼽아가며 외우면서 말씀의 거울에 자신의 모습을 비춰볼 때 자신의 미숙함을 재발견하게 되어 회개와 결단이 따르게 된다.

자녀들이 식탁에서 혹은 형제간에 자기의 유익을 취하려고 다툴 때 "너는 왜 늘 욕심만 부리니?" 하며 나무라기보다 "사랑은 자기의 유익을 구치 아니하며…"라고 함께 외운 말씀을 일깨워 주면, 자녀는 씽끗 웃으면서 "예, 알았어요"라고 할 것이다. 그 때 엄마가 꼭 감싸 안아주면서 "우리 ○○는 참 착하지. 하나님께서 얼마나 기뻐하실까?"라고 인정해주고 칭찬해주는 어머니의 지혜여!

2. 신 6:4-9(자녀교육) 이스라엘 민족이 오늘날 세계의 경제, 문화, 과학, 학술, 정치, 사회 모든 분야에서 주도권을 장악하고 있는 바탕에는 그들이 어릴 때 가정에서 부모로부터 하나님의 말씀을 암송하며 묵상하는 교육을 받은 데 있다.

4,5절 말씀을 '쉐마 이스라엘'이라고도 한다. 히브리말로 "이스라엘아 들으라"라는 뜻. 부모가 먼저 하나님의 말씀을 마음에 새기고(6), 그것을 자녀에게 잘 가르치라(7)는 하나님의 명령이다. 언제 어디서나 항상 말씀을 볼 수 있게 지니고 다니라신다.

우리도 말씀을 컴퓨터로 뽑아서 냉장고 문에, 아이들 책상 앞에, 식탁 위에, 화장실벽에 붙여놓기도 하고 또는 이 암송노트를 늘 가지고 다니도록 지도할 수 있다.

3. 롬 3:23, 24(구속의 은혜) 모든 사람이 원죄로 인하여 죽을 수밖에 없었으나 그리스도 예수의 피 흘려 돌아가신 구원의 역사로 아무런 대가도 지불하지 않고 의롭다 하심을 받게 된 하나님의 은혜여! 하나님의 크신 은혜를, 예수님의 구속의 사랑을, 인간의 원죄와 속죄의 원리를, 이 말씀을 반복 암송하면서 묵상하는 기쁨이여!

4. 갈 2:20(거듭남) 예수를 믿고 거듭난 사람의 고백이다. 그리스도께서 나를 위하여 죽으셨음을 믿고 따를 때 나의 옛 사람은

그리스도와 함께 이미 죽었고, 나의 속에서 그리스도께서 나를 주관하고 계시다는 사실을 날마다 고백함으로 우리의 신앙은 깊어간다.

5. 마 7:7-14(기도 응답) 먼저 기도하고 나의 할 바를 행하면 주께서 응답하신다. 응답이 바로 없을 경우라도 기도하고 찾는 일을 지속하면서 문을 두드리고 기다리면 반드시 응답해주신다는 것이 주님의 약속이다. 나의 노력으로 응답을 쟁취하는 것이 아니라 주님의 약속을 믿고 순종하면 주께서 기쁨으로 응답해 주신다.

좁고 험한 길을 스스로 찾는 사람이 있을까? 그러나 주께서 성령으로 힘과 사랑을 주시면 주 위하여, 이웃을 위하여 십자가를 지는 마음으로 나도 할 수 있다고 믿는다. 그렇게 되기 위해 날마다 기도하면 저가 사모하는 영혼을 만족케 하신다는 말씀이 이루어지리라.

앙드레 지드의 「좁은 문」은 이 말씀을 묵상하면서 씌어졌으리라.

6. 시 1:1-6(복 있는 사람) 시편 전체의 서론이면서 총론이기도 하다. 복 있는 사람, 곧 의인은 주께서 그 길을 지켜주시고 형통케 하시는 반면, 악인, 죄인, 오만한 자는 주께서 미워하시고 멸망시키신다고 노래한다. 시편 1, 23, 100, 150편은 우리 규장 가족이 아침마다 함께 암송하는 시편의 알파와 오메가!

7. 시 23:1-6(목자 예수) 다윗의 대표적인 노래. 성령의 감동으

로 다윗은 목자 되신 예수 그리스도를 여호와의 이름으로 찬양했다. 이스라엘에게 푸른 풀밭과 흐르는 시냇물의 소중함은 우리가 느끼는 것과는 비교가 안 될 만큼 귀하다. 그 아름다운 그림을 그리며 "여호와는 나의 목자시니…"라고 노래하는 성도의 행복이여!

8. 시 100:1-5(주 찬양) 감사의 시라는 주제대로 시인은 온 땅을 불러서 주께 감사의 노래를 부르자고 노래한다.

나는 이 시를 묵상하면 기쁨이 솟고 감사의 마음으로 벅차오른다. 특히 3절은 감동적이다. 여호와는 우리 하나님이시고, 그는 우리를 지으신 이시며, 우리는 그의 소유요, 그의 백성이요, 그의 기르심을 입는 귀한 존재라는 사실을 재확인한다.

9. 마 5:1-16(8복) 예수님의 산상수훈 1, 2, 3 중 첫 교훈이다. 예수님의 산상설교는 여덟 가지 복과 저 유명한 소금과 빛의 비유 말씀으로 시작한다. 이 팔복의 말씀은 한 편의 시다.

심령이 가난하고 애통하고, 온유하고, 의에 주리고 목마르며, 긍휼히 여기며, 마음이 깨끗한 사람이 복이 있다고 노래한다. 우리는 어떤가? 그 반대의 자리에 있지 아니한가? 그러니 복 받기 위해서는 옛 사람은 죽고 새사람이 되어야 함을 깨닫는다. 또한 화평케 하며 의를 위하여 핍박을 받는 사람이 복이 있다 하는데 우리는 과연 어떤가? 나는 팔복을 묵상하기가 송구스럽다. 그렇지만 팔복을 암송하며 묵상하면서 예수님의 음성을 듣는 감격의 시간을 즐긴다.

10. 살전 2:13(말씀의 역사하심) 나는 이 말씀의 후반절 "이 말씀이 또한 너희 믿는 자 속에서 역사하느니라"라는 말씀이 어찌 그리 좋은지 모르겠다.

말씀을 암송하여 마음에 새겨놓으면, 곧 잠재의식 속에 저장해놓으면 성령께서 필요에 따라 기억나게 하시고 삶에 적용하는 지혜 주심을 나는 늘 경험한다(요 14:26).

이슬비성경암송학교 유니게 과정 2단계를 마친 어느 집사님이 이런 간증을 들려주었다.

"저희 교회의 한 권사님이 나이 어린 저에게 당신의 답답한 심경을 말씀하셨어요. 저는 무심코 '권사님, 중심을 보시는 주께서 다 감찰하고 계시잖아요?' 라고 했답니다. 그런데 갑자기 권사님께서 눈물을 글썽이시며 제 손을 꼭 잡고 '고마워요, 고마워요' 라며 기쁨의 얼굴로 저에게 고맙다는 말씀을 연거푸 하셨어요."

주의 말씀의 역사하심이여!

11. 요 1:1-18(말씀이신 그리스도) 태초에 말씀이 계셨고, 이 말씀은 하나님과 함께 계셨으니, 이 말씀은 곧 하나님이시다. 이 세상은 그 말씀으로 지음 받았음을 일목요연하게 알 수 있다. 나는 앗시시의 성 프란시스가 새를 보고 "형제여", 꽃을 보고 "자매여"라고 했다는 말의 뜻을 요한복음 1장 1-3절을 묵상하는 중에 밝히 깨닫게 되었다.

'말씀이신 예수 그리스도로 말미암아 지음 받은 새요, 꽃이요, 해요, 달이요, 늑대요 심지어 바람도 그러하여 모든 피조물은 주 안에서 형제요, 자매일 수밖에 없구나' 라는 깨달음이 왔던 것이다.

세례 요한을 예수님보다 6개월 앞서 보내신 하나님의 뜻과 세상의 참빛 되시고, 말씀이 육신으로 오신 예수님, 은혜와 진리요, 하나님의 형상으로 오신 하나님의 독생자를 눈으로 보듯 확연히 볼 수 있게 되는 말씀을 어찌 암송하여 항상 묵상하지 않을 수 있으랴.

12. 요 15:1-17(사랑 원론) 흔히 포도나무 장이라고 부른다. 그러나 암송 묵상하는 가운데 나는 예수님의 계명 곧 "내가 너희를 사랑한 것같이 너희도 서로 사랑하라"라는 말씀이 본론임을 깨닫게 되었다. 물론 예수님 자신과 하나님 아버지와의 관계 및 예수님과 우리와의 관계를 참포도나무와 농부와 포도나무 가지로 비유하여 포도의 열매를 맺지 아니하는 가지는 아버지의 가지치기로 잘려나가 땔감으로 쓰인다는 것과 포도나무를 떠나는 가지는 열매를 맺을 수 없을 뿐 아니라 아무 쓸데없다는 말씀도 귀하고 귀하다.

그러나 이 장의 본론은 사랑이다. 이 아가페의 사랑에 반하여 나는 예수를 믿자마자 요한복음 15장 전장 27절을 장장 6개월에 걸쳐서 외웠다. 쪽지에 써가지고 미아리에서 안국동까지 만원 버스에 시달리면서 외우던 기억이 아직도 새롭다. 70년대 후반, 출퇴근 만원 버스의 사정은 지금은 상상조차 하기 힘들 정도였다. 실로 짐짝을 구겨 넣은 모양이었다. 그런 가운데서도 나는 말씀에 취해서 왕복 90분에 가까운 출퇴근시간을 즐길 수 있었으니 그 크신 은혜여!

마무리

나는 네비게이토나 C.C.C. 같은 선교기관에서 사용하는 요절 암송용 성경암송 카드로 혼자서 여러 차례 암송을 시도해보았으나 지속하기 힘들었다. 그리하여 나의 체질에 맞는 성경암송법을 개발하게 되었다. 곧 전장 또는 여러 절을 한꺼번에 외우는 몽땅 암송이다.

서로 일장일단이 있겠다. 요절 암송은 우선 전도하기 위하여 'A. 새로운 삶 B. 그리스도를 전파함 C. 하나님을 의뢰함' 이라는 주제 아래 정선된 말씀을 외우는 것이니 실용적이며 짜임새가 있어 좋다. 그렇지만 이 말씀들을 매일 혼자서 지속적으로 반복하여 암송하기란 이만 저만 어려운 일이 아님을 나는 실감했다. 이에 비해 몽땅 암송은 어찌 생각하면 비능률적이며 산만한 느낌을 갖게 할 수도 있다. 그러나 내가 은혜 받은 말씀, 앞뒤가 이어지는 말씀을 몽땅 외워서 이를 매일 암송 묵상한다는 것은 영성생활에 얼마나 큰 유익을 가져오는지 모른다.

첫째, 말씀의 상황 이해에 접근하기 쉽고, 둘째, 묵상의 생활화가 쉽게 이루어진다. 셋째, 요절만 떼어서 암송하는 것과는 비교기 안 될 만큼 말씀이 심령에 와 닿는다.

실제로, 나는 시편을 암송할 때에는 순서대로 1편부터 2, 3, 4, 8, 13, 14, 15, 16, 18:1-3, 19:1-14,23, 24, 27:1, 14, 40:1-3, 42:1-5··· 이런 식으로 이어서 암송하는데 암송하다보면 어느새 가슴이 뜨거워진다. 시편은 짧아서 전편 암송이 비교적 쉬운 편이다. 시편 117편은 2절, 133편은 3절이 전부다. 그러나 시편 119편은 176

절이나 되므로 그중에서 9-11, 67, 71, 72, 92, 97, 103-105, 147, 148절을 즐겨 묵상한다.

유니게 과정 1단계에서는 전장으로는 시편 1, 23, 100편과 고린도전서 13장을 암송한다. 마태복음은 5:1-16, 7:7-14, 요한복음 1:1-18, 15:1-17, 신명기 6:4-9, 로마서 3:23, 24, 고린도후서 5:17, 갈라디아서 2:20, 데살로니가전서 2:13, 도합 100절을 암송하도록 짰다.

1단계만 다 마치면 누구나 말씀암송에 자신감이 붙어 웬만큼 긴 문장도 담대히 암송에 도전할 의지를 갖게 된다. 따라서 성경을 읽다가, 설교를 듣다가, 신앙서적을 읽다가 마음에 강하게 와 닿는 말씀이 나오면 쪽지에 적어가지고 주머니에 넣거나 책장에 끼워 넣었다가 수시로 암송하게 된다. 그리하여 그 말씀이 술술 나오게 되었을 때의 기쁨이란 맛보지 않고는 상상조차 할 수 없다. 그 황홀함과 그 성취 쾌감을 경험하는 부모와 교사가 많아질수록 우리의 교회는 더욱 성숙해질 것이며, 우리의 사랑스러운 자녀들은 복 있는 아이로 자라나게 될 것이며, 우리 민족은 주 안에서 새로이 태어나게 될 것이다.

제1단계 과정을 마치면서

젊은 날에 세계적인 명작을 읽다가 감동을 받아 즐겨 외웠던 명구(名句)들은 나의 평생을 부요하게도 하고 나의 마음을 자유하게도 하여 왔습니다.

'하나님은 진실을 알고 계시지만 기다리신다'(God sees the truth but waits.)라는 톨스토이의 단편은 제목 자체로 은혜였으며, 전개되는 사건들이 보이지 아니하는 어떤 힘, 곧 하나님의 계획 아래 이루어진다는 사실을 실감하게 했습니다. 세익스피어의 4대 비극의 하나인 '맥베드'에서 맥베드 장군이 개선하여 돌아오는 도중 요녀 셋이 나타나 그의 운명을 예언하듯 '좋은 것은 나쁜 것, 나쁜 것은 좋은 것'(Fine is foul, foul is fine.)이라 노래한 말은 나의 신앙생활 이전의 인생관 형성에 큰 비중을 차지했습니다.

역시 젊은 날에 즐겨 외웠던 시구(詩句) 중 로버트 프로스트의 시 '눈 오는 저녁 숲가에 서서'의 마지막 절 "숲은 아름답고 어둡고 고요한데 / 나에겐 지켜야만 할 약속이 있다 / 잠들기 전에 가야 할 몇 십 리 길이 / 잠들기 전에 가야 할 몇 십 리 길이"(The woods are lovely, dark and deep. / But I have promises to keep. / And miles to go before I sleep, / and miles to go before I sleep.)를 묵상할 수 있었던 것 또한 큰 행운이라 생각합니다.

또한 사춘기의 시심을 녹여주던 시구로는 에드거 앨런 포우의 서정시 '애너벨 리'에서 읊은 '우리는 서로 사랑하였지. 사랑보다 더한 사랑으로' (We loved with a love more than love.)라든지, 작자 미상의 서정시 '샐리' 에서 "그녀는 나의 늘어진 어깨에 그녀의 눈결 같은 흰 손을 얹고 사랑을 쉽게 가지라 하였건만 / 난 너무나 어리고 어리석었기에 지금은 눈물로서 가득 찼노라" 라는 시어들이 나의 정서를 촉촉이 적셔왔습니다.

젊은 시절 마음에 감동을 주는 명언이나 시구들이 한 사람의 인생에 끼치는 영향이 이렇게 큰데 하물며, 어린 시절부터 하나님의 진리의 말씀, 생명의 말씀을 마음판에 새긴다면 그의 인생이 얼마나 복되고도 복된 삶이 될지는 불 보듯 한 일이겠지요.

우리 기성세대들은 어려서 부모님으로부터 말씀암송 교육을 받지 못하고 자란 사람들입니다. 개신교가 들어온 지 120년이 지났지만 아직까지도 가정에서 말씀의 생활화 교육이 이루어지지 못했기 때문입니다. 천만 인이 넘는다고 하는 그리스도인 중 거의 대부분의 교역자와 성도들은 한결같이 성격이 이미 다 형성된 청장년기에 예수님을 영접했기 때문이기도 합니다.

이 나라의 장래는 우리의 후손들이 맡게 됩니다. 우리만 제대로 노력한다면 우리의 후손들은 믿음의 삶을 살 수 있으리라 여겨집니다. 오늘의 사랑스러운 젖먹이가 30년 후에는 이 나라의 주체가 됩니다. 다시 30년 후에는 그들의 자녀가, 또 다시 30년 후에는 그들의 손자녀가 이 나라의 미래를 맡게 됩니다. 성경은 "사람이 무엇으로 심든지 그대로 거두리라"(갈 6:7)라고 말씀하십니다. 또한 "마땅히 행할 길을 아이에게 가르치라 그리하면 늙어도 그것을 떠나지 아니하리라"(잠 22:6), "오늘날 내가 네게 명하는 이 말씀을 너는 마음에 새기고 네 자녀에게 부지런히 가르치며"(신 6:6, 7)라고 말씀하십니다.

우리 기성세대는 말씀의 생활화 교육의 개척세대입니다. 신앙의 자유를 찾아 180톤 범선 메이플라워호를 타고 영국에서 미국으로 건너온 102명의 독실한 청교도 필그림 파더즈의 후예가 380년이 지난 오늘날 세계를 이끌어가고 있지 아니합니까? 달이 차면 기울듯이 청교도적 기독교 정신이 희석되어 가는 그들의 때는 이제 기울어가고 있습니다. 반면, 이제부터 믿는 우리가 303비전을 가지고 힘쓰기만 한다면, 100년 후에는 우리의 후손들이 세계에서 뛰어난 나라와 민족을 이루게 해주시리라는 것을 성경은 약속하고 있습니다(신 28:1). 30년을 한 세대로 3대까지만 열심히 말씀암송 교육과 말씀의 생활화 교육을 실행한다면 미쁘신 하나님은 성경에 약속하신 대로 이루어 주실 것입니다.

믿음의 어머니들이여, 젊은 할머니들이여, 우리의 사랑스런 자녀와 손자녀들에게 그들의 성품이 형성되는 유년시절부터, 아니 태교부터 말씀암송과 묵상, 적용, 실천의 산 교육을 시키기 위해 우선 내가 먼저 말씀암송에 앞장서지 않으시겠습니까?

"저가 사모하는 영혼을 만족케 하시며 주린 영혼에게 좋은 것으로 채워주심이로다"(시 107:9).

"나를 사랑하는 자들이 나의 사랑을 입으며 나를 간절히 찾는 자가 나를 만날 것이니라"(잠 8:17).

믿음의 어머니, 젊은 할머니들은 '303비전의 개척자'의 사명을 받으셨습니다. 303비전을 위한 개척자의 정신으로 열심히 말씀을 암송함으로써 무장하여 우리의 사랑스럽고 존귀한 자녀들, 곧 303비전 제1세대들을 말씀으로 양육해야 할 것입니다.

구역장이나 셀 교회의 목자들이 먼저 말씀암송 교육을 받아 구역모임에서 함께 훈련하는 것도 바람직합니다. 교회학교에서는 교사들이 앞장서서 말씀암송 훈련을 받아 사랑스러운 303비전 제1세대들을 말씀으로 양육할 때가 이르렀습니다. 303비전의 꿈을 가꾸어 가시지 않겠습니까?

"일어나라 빛을 발하라 이는 네 빛이 이르렀고 여호와의 영광이 네 위에 임하였음이니라"(사 60:1).

100절

이슬비성경암송노트

유니게 과정

제 2 단계

첫째 달 과정

창세기 1:1
출애굽기 20:1–10
출애굽기 20:11–21
신명기 28:1–6
여호수아서 1:8,9
여호수아서 6:1–3

창세기 1:1

천지 창조

개역한글 성경

1 태초에 하나님이 천지를 창조하시니라

개역개정 성경

1 태초에 하나님이 천지를 창조하시니라

Genesis 1:1

NIV

1 In the beginning God created the heavens and the earth.

말씀암송으로 얻은 은혜와 묵상

출애굽기 20:1-10

십계명 - 들어가기

개역한글 성경

1 하나님이 이 모든 말씀으로 일러 가라사대

2 나는 너를 애굽 땅, 종 되었던 집에서 인도하여 낸 너의 하나님 여호와로라

개역개정 성경

1 하나님이 이 모든 말씀으로 말씀하여 이르시되

2 나는 너를 애굽 땅, 종 되었던 집에서 인도하여 낸 네 하나님 여호와니라

Exodus 20:1-10

NIV

1 And God spoke all these words:

2 "I am the LORD your God, who brought you out of Egypt,
out of the land of slavery.

말씀암송으로 얻은 은혜와 묵상

출애굽기 20:1-10

십계명 - 제1, 2계명

개역한글 성경

3 너는 나 외에는 다른 신들을 네게 있게 말지니라

4 너를 위하여 새긴 우상을 만들지 말고 또 위로 하늘에 있
는 것이나 아래로 땅에 있는 것이나 땅 아래 물 속에 있
는 것의 아무 형상이든지 만들지 말며

5 그것들에게 절하지 말며 그것들을 섬기지 말라 나 여호
와 너의 하나님은 질투하는 하나님인즉 나를 미워하는
자의 죄를 갚되 아비로부터 아들에게로 삼사 대까지 이
르게 하거니와

6 나를 사랑하고 내 계명을 지키는 자에게는 천 대까지 은
혜를 베푸느니라

개역개정 성경

3 너는 나 외에는 다른 신들을 네게 두지 말라

4 너를 위하여 새긴 우상을 만들지 말고 또 위로 하늘에 있는 것
이나 아래로 땅에 있는 것이나 땅 아래 물 속에 있는 것의 어떤
형상도 만들지 말며

5 그것들에게 절하지 말며 그것들을 섬기지 말라 나 네 하나님 여
호와는 질투하는 하나님인즉 나를 미워하는 자의 죄를 갚되 아
버지로부터 아들에게로 삼사 대까지 이르게 하거니와

6 나를 사랑하고 내 계명을 지키는 자에게는 천 대까지 은혜를 베
푸느니라

Exodus 20:1-10

NIV

3 You shall have no other gods before me.

4 You shall not make for yourself an idol in the form of
anything in heaven above or on the earth beneath or in the
waters below.

5 You shall not bow down to them or worship them; for I, the
LORD your God, am a jealous God, punishing the children
for the sin of the fathers to the third and fourth generation of
those who hate me,

6 but showing love to a thousand generations of those who
love me and keep my commandments.

말씀암송으로 얻은 은혜와 묵상

출애굽기 20:1-10

십계명 - 제3, 4계명

개역한글 성경

7 너는 너의 하나님 여호와의 이름을 망령되이 일컫지 말
라 나 여호와는 나의 이름을 망령되이 일컫는 자를 죄 없
다 하지 아니하리라

8 안식일을 기억하여 거룩히 지키라

9 엿새 동안은 힘써 네 모든 일을 행할 것이나

10 제 칠일은 너의 하나님 여호와의 안식일인즉 너나 네 아
들이나 네 딸이나 네 남종이나 네 여종이나 네 육축이나
네 문 안에 유하는 객이라도 아무 일도 하지 말라

✚ 개역개정 성경

7 너는 네 하나님 여호와의 이름을 망령되게 부르지 말라 여호와
는 그의 이름을 망령되게 부르는 자를 죄 없다 하지 아니하리라
8 안식일을 기억하여 거룩하게 지키라
9 엿새 동안은 힘써 네 모든 일을 행할 것이나
10 일곱째 날은 네 하나님 여호와의 안식일인즉 너나 네 아들이나
네 딸이나 네 남종이나 네 여종이나 네 가축이나 네 문안에 머
무는 객이라도 아무 일도 하지 말라

Exodus 20:1-10

NIV

7 You shall not misuse the name of the LORD your God, for
the LORD will not hold anyone guiltless who misuses his
name.

8 Remember the Sabbath day by keeping it holy.

9 Six days you shall labor and do all your work,

10 but the seventh day is a Sabbath to the LORD your God. On it
you shall not do any work, neither you, nor your son or
daughter, nor your manservant or maidservant, nor your
animals, nor the alien within your gates.

말씀암송으로 얻은 은혜와 묵상

출애굽기 20:11-21

십계명 - 제4계명

개역한글 성경

11 이는 엿새 동안에 나 여호와가 하늘과 땅과 바다와 그 가
운데 모든 것을 만들고 제 칠일에 쉬었음이라 그러므로
나 여호와가 안식일을 복되게 하여 그 날을 거룩하게 하
였느니라

개역개정 성경

11 이는 엿새 동안에 나 여호와가 하늘과 땅과 바다와 그 가운데
모든 것을 만들고 일곱째 날에 쉬었음이라 그러므로 나 여호와
가 안식일을 복되게 하여 그 날을 거룩하게 하였느니라

Exodus 20:11-21

NIV

11 For in six days the LORD made the heavens and the earth, the
sea, and all that is in them, but he rested on the seventh day.
Therefore the LORD blessed the Sabbath day and made it
holy.

말씀암송으로 얻은 은혜와 묵상

출애굽기 20:11-21

십계명 - 제5~10계명

개역한글 성경

12 네 부모를 공경하라 그리하면 너의 하나님 나 여호와가
네게 준 땅에서 네 생명이 길리라

13 살인하지 말지니라

14 간음하지 말지니라

15 도적질하지 말지니라

16 네 이웃에 대하여 거짓 증거하지 말지니라

17 네 이웃의 집을 탐내지 말지니라 네 이웃의 아내나 그의
남종이나 그의 여종이나 그의 소나 그의 나귀나 무릇 네
이웃의 소유를 탐내지 말지니라

개역개정 성경

12 네 부모를 공경하라 그리하면 네 하나님 여호와가 네게 준 땅에
서 네 생명이 길리라

13 살인하지 말라

14 간음하지 말라

15 도둑질하지 말라

16 네 이웃에 대하여 거짓 증거하지 말라

17 네 이웃의 집을 탐내지 말라 네 이웃의 아내나 그의 남종이나
그의 여종이나 그의 소나 그의 나귀나 무릇 네 이웃의 소유를
탐내지 말라

Exodus 20:11-21

NIV

12 Honor your father and your mother, so that you may live long in the land the LORD your God is giving you.

13 You shall not murder.

14 You shall not commit adultery.

15 You shall not steal.

16 You shall not give false testimony against your neighbor.

17 You shall not covet your neighbor's house. You shall not covet your neighbor's wife, or his manservant or maidservant, his ox or donkey, or anything that belongs to your neighbor."

말씀암송으로 얻은 은혜와 묵상

출애굽기 20:11-21

두려워 떠는 이스라엘 백성

개역한글 성경

18 뭇 백성이 우뢰와 번개와 나팔소리와 산의 연기를 본지
라 그들이 볼 때에 떨며 멀리 서서
19 모세에게 이르되 당신이 우리에게 말씀하소서 우리가 들
으리이다 하나님이 우리에게 말씀하시지 말게 하소서 우
리가 죽을까 하나이다
20 모세가 백성에게 이르되 두려워 말라 하나님이 강림하심
은 너희를 시험하고 너희로 경외하여 범죄치 않게 하려
하심이니라
21 백성은 멀리 섰고 모세는 하나님의 계신 암흑으로 가까
이 가니라

개역개정 성경

18 뭇 백성이 우레와 번개와 나팔 소리와 산의 연기를 본지라 그들
이 볼 때에 떨며 멀리 서서
19 모세에게 이르되 당신이 우리에게 말씀하소서 우리가 들으리이
다 하나님이 우리에게 말씀하시지 말게 하소서 우리가 죽을까
하나이다
20 모세가 백성에게 이르되 두려워하지 말라 하나님이 임하심은
너희를 시험하고 너희로 경외하여 범죄하지 않게 하려 하심이
니라
21 백성은 멀리 서 있고 모세는 하나님이 계신 흑암으로 가까이 가
니라

Exodus 20:11-21

NIV

18 When the people saw the thunder and lightning and heard
the trumpet and saw the mountain in smoke, they trembled
with fear. They stayed at a distance

19 and said to Moses, "Speak to us yourself and we will listen.
But do not have God speak to us or we will die."

20 Moses said to the people, "Do not be afraid. God has come
to test you, so that the fear of God will be with you to keep
you from sinning."

21 The people remained at a distance, while Moses approached
the thick darkness where God was.

말씀암송으로 얻은 은혜와 묵상

신명기 28:1-6

순종과 축복

개역한글 성경

1 네가 네 하나님 여호와의 말씀을 삼가 듣고 내가 오늘날
네게 명하는 그 모든 명령을 지켜 행하면 네 하나님 여호
와께서 너를 세계 모든 민족 위에 뛰어나게 하실 것이라

2 네가 네 하나님 여호와의 말씀을 순종하면 이 모든 복이
네게 임하며 네게 미치리니

개역개정 성경

1 네가 네 하나님 여호와의 말씀을 삼가 듣고 내가 오늘 네게 명
령하는 그의 모든 명령을 지켜 행하면 네 하나님 여호와께서 너
를 세계 모든 민족 위에 뛰어나게 하실 것이라

2 네가 네 하나님 여호와의 말씀을 청종하면 이 모든 복이 네게
임하며 네게 이르리니

Deuteronomy 28:1-6

NIV

1 If you fully obey the LORD your God and carefully follow all
his commands I give you today, the LORD your God will set
you high above all the nations on earth.

2 All these blessings will come upon you and accompany you
if you obey the LORD your God:

말씀암송으로 얻은 은혜와 묵상

신명기 28:1-6

축복의 약속

개역한글 성경

3 성읍에서도 복을 받고 들에서도 복을 받을 것이며

4 네 몸의 소생과 네 토지의 소산과 네 짐승의 새끼와 우양
의 새끼가 복을 받을 것이며

5 네 광주리와 떡반죽 그릇이 복을 받을 것이며

6 네가 들어와도 복을 받고 나가도 복을 받을 것이니라

개역개정 성경

3 성읍에서도 복을 받고 들에서도 복을 받을 것이며
4 네 몸의 자녀와 네 토지의 소산과 네 짐승의 새끼와 소와 양의
새끼가 복을 받을 것이며
5 네 광주리와 떡 반죽 그릇이 복을 받을 것이며
6 네가 들어와도 복을 받고 나가도 복을 받을 것이니라

Deuteronomy 28:1-6

NIV

3 You will be blessed in the city and blessed in the country.

4 The fruit of your womb will be blessed, and the crops of
your land and the young of your livestock--the calves of your
herds and the lambs of your flocks.

5 Your basket and your kneading trough will be blessed.

6 You will be blessed when you come in and blessed when
you go out.

말씀암송으로 얻은 은혜와 묵상

여호수아서 1:8,9

말씀 암송·묵상·준행·형통의 법칙

개역한글 성경

8 이 율법책을 네 입에서 떠나지 말게 하며 주야로 그것을
묵상하여 그 가운데 기록한 대로 다 지켜 행하라 그리하
면 네 길이 평탄하게 될 것이라 네가 형통하리라

9 내가 네게 명한 것이 아니냐 마음을 강하게 하고 담대히
하라 두려워 말며 놀라지 말라 네가 어디로 가든지 네 하
나님 여호와가 너와 함께 하느니라 하시니라

개역개정 성경

8 이 율법책을 네 입에서 떠나지 말게 하며 주야로 그것을 묵상하
여 그 안에 기록된 대로 다 지켜 행하라 그리하면 네 길이 평탄
하게 될 것이며 네가 형통하리라
9 내가 네게 명령한 것이 아니냐 강하고 담대하라 두려워하지 말
며 놀라지 말라 네가 어디로 가든지 네 하나님 여호와가 너와
함께 하느니라 하시니라

Joshua 1:8,9

NIV

8 Do not let this Book of the Law depart from your mouth;
meditate on it day and night, so that you may be careful to do
everything written in it. Then you will be prosperous and
successful.

9 Have I not commanded you? Be strong and courageous. Do
not be terrified; do not be discouraged, for the LORD your
God will be with you wherever you go.

말씀암송으로 얻은 은혜와 묵상

여호수아서 6:1-3

이슬비 여리고작전의 성경적 배경

개역한글 성경

1 이스라엘 자손들로 인하여 여리고는 굳게 닫혔고 출입하는 자 없더라

2 여호와께서 여호수아에게 이르시되 보라 내가 여리고와 그 왕과 용사들을 네 손에 붙였으니

3 너희 모든 군사는 성을 둘러 성 주위를 매일 한 번씩 돌되 엿새 동안을 그리하라

개역개정 성경

1 이스라엘 자손들로 말미암아 여리고는 굳게 닫혔고 출입하는 자가 없더라

2 여호와께서 여호수아에게 이르시되 보라 내가 여리고와 그 왕과 용사들을 네 손에 넘겨 주었으니

3 너희 모든 군사는 그 성을 둘러 성 주위를 매일 한 번씩 돌되 엿새 동안을 그리하라

Joshua 6:1-3

NIV

1 Now Jericho was tightly shut up because of the Israelites. No
one went out and no one came in.

2 Then the LORD said to Joshua, "See, I have delivered Jericho
into your hands, along with its king and its fighting men.

3 March around the city once with all the armed men. Do this
for six days.

말씀암송으로 얻은 은혜와 묵상

둘째 달 과정

시편 8:1-9*
창세기 12:1-4
시편 150:1-6*
이사야서 1:18-20
이사야서 14:24-27
잠언 16:1-9

시편 8:1–9*

아름다운 주의 이름이여

개역한글 성경

1 여호와 우리 주여 주의 이름이 온 땅에 어찌 그리 아름다
운지요 주의 영광을 하늘 위에 두셨나이다

2 주의 대적을 인하여 어린 아이와 젖먹이의 입으로 말미
암아 권능을 세우심이여 이는 원수와 보수자로 잠잠케
하려 하심이니이다

3 주의 손가락으로 만드신 주의 하늘과 주의 베풀어 두신
달과 별들을 내가 보오니

4 사람이 무엇이관대 주께서 저를 생각하시며 인자가 무엇
이관대 주께서 저를 권고하시나이까

✚ 개역개정 성경

1 여호와 우리 주여 주의 이름이 온 땅에 어찌 그리 아름다운지요
주의 영광이 하늘을 덮었나이다

2 주의 대적으로 말미암아 어린 아이들과 젖먹이들의 입으로 권
능을 세우심이여 이는 원수들과 보복자들을 잠잠하게 하려 하
심이니이다

3 주의 손가락으로 만드신 주의 하늘과 주께서 베풀어 두신 달과
별들을 내가 보오니

4 사람이 무엇이기에 주께서 그를 생각하시며 인자가 무엇이기에
주께서 그를 돌보시나이까

Psalm 8:1-9*

NIV

1 O LORD, our LORD, how majestic is your name in all the earth! You have set your glory above the heavens.

2 From the lips of children and infants you have ordained praise because of your enemies, to silence the foe and the avenger.

3 When I consider your heavens, the work of your fingers, the moon and the stars, which you have set in place,

4 what is man that you are mindful of him, the son of man that you care for him?

말씀암송으로 얻은 은혜와 묵상

시편 8:1-9*

만물을 다스리시는 주님

개역한글 성경

5 저를 천사보다 조금 못하게 하시고 영화와 존귀로 관을
씌우셨나이다
6 주의 손으로 만드신 것을 다스리게 하시고 만물을 그 발
아래 두셨으니
7 곧 모든 우양과 들짐승이며
8 공중의 새와 바다의 어족과 해로에 다니는 것이니이다
9 여호와 우리 주여 주의 이름이 온 땅에 어찌 그리 아름다
운지요

개역개정 성경

5 그를 하나님보다 조금 못하게 하시고 영화와 존귀로 관을 씌우
셨나이다
6 주의 손으로 만드신 것을 다스리게 하시고 만물을 그의 발 아래
두셨으니
7 곧 모든 소와 양과 들짐승이며
8 공중의 새와 바다의 물고기와 바닷길에 다니는 것이니이다
9 여호와 우리 주여 주의 이름이 온 땅에 어찌 그리 아름다운지요

Psalm 8:1-9*

NIV

5 You made him a little lower than the heavenly beings and
crowned him with glory and honor.

6 You made him ruler over the works of your hands; you put
everything under his feet:

7 all flocks and herds, and the beasts of the field,

8 the birds of the air, and the fish of the sea, all that swim the
paths of the seas.

9 O LORD, our LORD, how majestic is your name in all the
earth!

말씀암송으로 얻은 은혜와 묵상

창세기 12:1-4

너는 복의 근원

개역한글 성경

1 여호와께서 아브람에게 이르시되 너는 너의 본토 친척
아비 집을 떠나 내가 네게 지시할 땅으로 가라
2 내가 너로 큰 민족을 이루고 네게 복을 주어 네 이름을
창대케 하리니 너는 복의 근원이 될지라
3 너를 축복하는 자에게는 내가 복을 내리고 너를 저주하
는 자에게는 내가 저주하리니 땅의 모든 족속이 너를 인
하여 복을 얻을 것이니라 하신지라
4 이에 아브람이 여호와의 말씀을 좇아 갔고 롯도 그와 함
께 갔으며 아브람이 하란을 떠날 때에 그 나이 칠십 오세
였더라

개역개정 성경

1 여호와께서 아브람에게 이르시되 너는 너의 고향과 친척과 아
버지의 집을 떠나 내가 네게 보여 줄 땅으로 가라
2 내가 너로 큰 민족을 이루고 네게 복을 주어 네 이름을 창대하
게 하리니 너는 복이 될지라
3 너를 축복하는 자에게는 내가 복을 내리고 너를 저주하는 자에
게는 내가 저주하리니 땅의 모든 족속이 너로 말미암아 복을 얻
을 것이라 하신지라
4 이에 아브람이 여호와의 말씀을 따라갔고 롯도 그와 함께 갔으
며 아브람이 하란을 떠날 때에 칠십오 세였더라

Genesis 12:1-4

NIV

1 The LORD had said to Abram, "Leave your country, your
people and your father's household and go to the land I will
show you.

2 "I will make you into a great nation and I will bless you; I
will make your name great, and you will be a blessing.

3 I will bless those who bless you, and whoever curses you I
will curse; and all peoples on earth will be blessed through
you."

4 So Abram left, as the LORD had told him; and Lot went with
him. Abram was seventy-five years old when he set out from
Haran.

말씀암송으로 얻은 은혜와 묵상

시편 150:1-6*

할렐루야 여호와를 찬양할지어다

개역한글 성경

1 할렐루야 그 성소에서 하나님을 찬양하며 그 권능의 궁
창에서 그를 찬양할지어다

2 그의 능하신 행동을 인하여 찬양하며 그의 지극히 광대
하심을 좇아 찬양할지어다

3 나팔 소리로 찬양하며 비파와 수금으로 찬양할지어다

4 소고 치며 춤 추어 찬양하며 현악과 통소로 찬양할지어다

5 큰 소리 나는 제금으로 찬양하며 높은 소리 나는 제금으
로 찬양할지어다

6 호흡이 있는 자마다 여호와를 찬양할지어다 할렐루야

개역개정 성경

1 할렐루야 그의 성소에서 하나님을 찬양하며 그의 권능의 궁창
에서 그를 찬양할지어다

2 그의 능하신 행동을 찬양하며 그의 지극히 위대하심을 따라 찬
양할지어다

3 나팔 소리로 찬양하며 비파와 수금으로 찬양할지어다

4 소고 치며 춤 추어 찬양하며 현악과 퉁소로 찬양할지어다

5 큰 소리 나는 제금으로 찬양하며 높은 소리 나는 제금으로 찬양
할지어다

6 호흡이 있는 자마다 여호와를 찬양할지어다 할렐루야

Psalm 150:1-6*

NIV

1 Praise the LORD. Praise God in his sanctuary; praise him in his mighty heavens.

2 Praise him for his acts of power; praise him for his surpassing greatness.

3 Praise him with the sounding of the trumpet, praise him with the harp and lyre,

4 praise him with tambourine and dancing, praise him with the strings and flute,

5 praise him with the clash of cymbals, praise him with resounding cymbals.

6 Let everything that has breath praise the LORD. Praise the LORD.

말씀암송으로 얻은 은혜와 묵상

이사야서 1:18-20

순종과 배반의 대가

개역한글 성경

18 여호와께서 말씀하시되 오라 우리가 서로 변론하자 너희
죄가 주홍 같을지라도 눈과 같이 희어질 것이요 진홍같
이 붉을지라도 양털같이 되리라
19 너희가 즐겨 순종하면 땅의 아름다운 소산을 먹을 것이요
20 너희가 거절하여 배반하면 칼에 삼키우리라 여호와의 입
의 말씀이니라

개역개정 성경

18 여호와께서 말씀하시되 오라 우리가 서로 변론하자 너희의 죄
가 주홍 같을지라도 눈과 같이 희어질 것이요 진홍같이 붉을지
라도 양털같이 희게 되리라
19 너희가 즐겨 순종하면 땅의 아름다운 소산을 먹을 것이요
20 너희가 거절하여 배반하면 칼에 삼켜지리라 여호와의 입의 말
씀이니라

Isaiah 1:18-20

NIV

18 "Come now, let us reason together," says the LORD.
"Though your sins are like scarlet, they shall be as white as
snow; though they are red as crimson, they shall be like
wool.

19 If you are willing and obedient, you will eat the best from the
land;

20 but if you resist and rebel, you will be devoured by the
sword." For the mouth of the LORD has spoken.

말씀암송으로 얻은 은혜와 묵상

이사야서 14:24-27

반드시 이루어지는 여호와의 계획

개역한글 성경

24 만군의 여호와께서 맹세하여 가라사대 나의 생각한 것이
반드시 되며 나의 경영한 것이 반드시 이루리라
25 내가 앗수르 사람을 나의 땅에서 파하며 나의 산에서 발
아래 밟으리니 그 때에 그의 멍에가 이스라엘에게서 떠
나고 그의 짐이 그들의 어깨에서 벗어질 것이라
26 이것이 온 세계를 향하여 정한 경영이며 이것이 열방을
향하여 편 손이라 하셨나니
27 만군의 여호와께서 경영하셨은즉 누가 능히 그것을 폐하
며 그 손을 펴셨은즉 누가 능히 그것을 돌이키랴

개역개정 성경

24 만군의 여호와께서 맹세하여 이르시되 내가 생각한 것이 반드
시 되며 내가 경영한 것을 반드시 이루리라
25 내가 앗수르를 나의 땅에서 파하며 나의 산에서 그것을 짓밟으
리니 그 때에 그의 멍에가 이스라엘에게서 떠나고 그의 짐이 그
들의 어깨에서 벗어질 것이라
26 이것이 온 세계를 향하여 정한 경영이며 이것이 열방을 향하여
편 손이라 하셨나니
27 만군의 여호와께서 경영하셨은즉 누가 능히 그것을 폐하며 그
의 손을 펴셨은즉 누가 능히 그것을 돌이키랴

Isaiah 14:24-27

NIV

24 The LORD Almighty has sworn, "Surely, as I have planned,
so it will be, and as I have purposed, so it will stand.

25 I will crush the Assyrian in my land; on my mountains I will
trample him down. His yoke will be taken from my people,
and his burden removed from their shoulders."

26 This is the plan determined for the whole world; this is the
hand stretched out over all nations.

27 For the LORD Almighty has purposed, and who can thwart
him? His hand is stretched out, and who can turn it back?

말씀암송으로 얻은 은혜와 묵상

잠언 16:1-9

너의 행사를 여호와께 맡기라

개역한글 성경

1 마음의 경영은 사람에게 있어도 말의 응답은 여호와께로
서 나느니라
2 사람의 행위가 자기 보기에는 모두 깨끗하여도 여호와는
심령을 감찰하시느니라
3 너의 행사를 여호와께 맡기라 그리하면 너의 경영하는
것이 이루리라
4 여호와께서 온갖 것을 그 씌움에 적당하게 지으셨나니
악인도 악한 날에 적당하게 하셨느니라
5 무릇 마음이 교만한 자를 여호와께서 미워하시나니 피차
손을 잡을지라도 벌을 면치 못하리라

개역개정 성경

1 마음의 경영은 사람에게 있어도 말의 응답은 여호와께로부터
나오느니라
2 사람의 행위가 자기 보기에는 모두 깨끗하여도 여호와는 심령
을 감찰하시느니라
3 너의 행사를 여호와께 맡기라 그리하면 네가 경영하는 것이 이
루어지리라
4 여호와께서 온갖 것을 그 쓰임에 적당하게 지으셨나니 악인도
악한 날에 적당하게 하셨느니라
5 무릇 마음이 교만한 자를 여호와께서 미워하시나니 피차 손을
잡을지라도 벌을 면하지 못하리라

Proverbs 16:1-9

NIV

1 To man belong the plans of the heart, but from the LORD comes the reply of the tongue.

2 All a man's ways seem innocent to him, but motives are weighed by the LORD.

3 Commit to the LORD whatever you do, and your plans will succeed.

4 The LORD works out everything for his own ends--even the wicked for a day of disaster.

5 The LORD detests all the proud of heart. Be sure of this: They will not go unpunished.

말씀암송으로 얻은 은혜와 묵상

잠언 16:1-9

걸음을 인도하시는 여호와

개역한글 성경

6 인자와 진리로 인하여 죄악이 속하게 되고 여호와를 경외함으로 인하여 악에서 떠나게 되느니라

7 사람의 행위가 여호와를 기쁘시게 하면 그 사람의 원수라도 그로 더불어 화목하게 하시느니라

8 적은 소득이 의를 겸하면 많은 소득이 불의를 겸한 것보다 나으니라

9 사람이 마음으로 자기의 길을 계획할지라도 그 걸음을 인도하는 자는 여호와시니라

개역개정 성경

6 인자와 진리로 인하여 죄악이 속하게 되고 여호와를 경외함으로 말미암아 악에서 떠나게 되느니라

7 사람의 행위가 여호와를 기쁘시게 하면 그 사람의 원수라도 그와 더불어 화목하게 하시느니라

8 적은 소득이 공의를 겸하면 많은 소득이 불의를 겸한 것보다 나으니라

9 사람이 마음으로 자기의 길을 계획할지라도 그의 걸음을 인도하시는 이는 여호와시니라

Proverbs 16:1-9

NIV

6 Through love and faithfulness sin is atoned for; through the fear of the LORD a man avoids evil.

7 When a man's ways are pleasing to the LORD, he makes even his enemies live at peace with him.

8 Better a little with righteousness than much gain with injustice.

9 In his heart a man plans his course, but the LORD determines his steps.

말씀암송으로 얻은 은혜와 묵상

셋째 달 과정

시편 107:9
잠언 8:17
하박국서 3:17-19*
마태복음 7:1-6
이사야서 40:27-31*
예레미야서 33:1-3
마태복음 11:28-30*
이사야서 41:10
사도행전 1:1-8
마태복음 6:33

시편 107:9

사모하는 영혼을 만족케 하심

개역한글 성경

9 저가 사모하는 영혼을 만족케 하시며 주린 영혼에게 좋
은 것으로 채워주심이로다

개역개정 성경

9 그가 사모하는 영혼에게 만족을 주시며 주린 영혼에게 좋은 것
으로 채워주심이로다

잠언 8:17

주님의 사랑을 입는 법

개역한글 성경

17 나를 사랑하는 자들이 나의 사랑을 입으며 나를 간절히
찾는 자가 나를 만날 것이니라

개역개정 성경

17 나를 사랑하는 자들이 나의 사랑을 입으며 나를 간절히 찾는 자
가 나를 만날 것이니라

Psalm 107:9

NIV

9 (Let them give thanks to the LORD for his unfailing love and
his wonderful deeds for men) for he satisfies the thirsty and
fills the hungry with good things.

Proverbs 8:17

NIV

17 I love those who love me, and those who seek me find me.

하박국서 3:17-19*

비록 외양간에 소가 없을지라도

개역한글 성경

17 비록 무화과나무가 무성치 못하며 포도나무에 열매가 없
으며 감람나무에 소출이 없으며 밭에 식물이 없으며 우
리에 양이 없으며 외양간에 소가 없을지라도
18 나는 여호와를 인하여 즐거워하며 나의 구원의 하나님을
인하여 기뻐하리로다
19 주 여호와는 나의 힘이시라 나의 발을 사슴과 같게 하사
나로 나의 높은 곳에 다니게 하시리로다 이 노래는 영장
을 위하여 내 수금에 맞춘 것이니라

개역개정 성경

17 비록 무화과나무가 무성하지 못하며 포도나무에 열매가 없으며
감람나무에 소출이 없으며 밭에 먹을 것이 없으며 우리에 양이
없으며 외양간에 소가 없을지라도
18 나는 여호와로 말미암아 즐거워하며 나의 구원의 하나님으로
말미암아 기뻐하리로다
19 주 여호와는 나의 힘이시라 나의 발을 사슴과 같게 하사 나를
나의 높은 곳으로 다니게 하시리로다 이 노래는 지휘하는 사람
을 위하여 내 수금에 맞춘 것이니라

Habakkuk 3:17-19*

NIV

17 Though the fig tree does not bud and there are no grapes on the vines, though the olive crop fails and the fields produce no food, though there are no sheep in the pen and no cattle in the stalls,

18 yet I will rejoice in the LORD, I will be joyful in God my Savior.

19 The Sovereign LORD is my strength; he makes my feet like the feet of a deer, he enables me to go on the heights. For the director of music. On my stringed instruments.

말씀암송으로 얻은 은혜와 묵상

마태복음 7:1-6

비판하지 말라

개역한글 성경

1 비판을 받지 아니하려거든 비판하지 말라

2 너희의 비판하는 그 비판으로 너희가 비판을 받을 것이
요 너희의 헤아리는 그 헤아림으로 너희가 헤아림을 받
을 것이니라

3 어찌하여 형제의 눈 속에 있는 티는 보고 네 눈 속에 있
는 들보는 깨닫지 못하느냐

개역개정 성경

1 비판을 받지 아니하려거든 비판하지 말라

2 너희가 비판하는 그 비판으로 너희가 비판을 받을 것이요 너희
가 헤아리는 그 헤아림으로 너희가 헤아림을 받을 것이니라

3 어찌하여 형제의 눈 속에 있는 티는 보고 네 눈 속에 있는 들보
는 깨닫지 못하느냐

Matthew 7:1-6

NIV

1 “Do not judge, or you too will be judged.

2 For in the same way you judge others, you will be judged,
and with the measure you use, it will be measured to you.

3 “Why do you look at the speck of sawdust in your brother’s
eye and pay no attention to the plank in your own eye?

말씀암송으로 얻은 은혜와 묵상

마태복음 7:1–6

먼저 네 눈 속의 들보를 빼어라

개역한글 성경

4 보라 네 눈 속에 들보가 있는데 어찌하여 형제에게 말하
기를 나로 네 눈 속에 있는 티를 빼게 하라 하겠느냐
5 외식하는 자여 먼저 네 눈 속에서 들보를 빼어라 그 후에
야 밝히 보고 형제의 눈 속에서 티를 빼리라
6 거룩한 것을 개에게 주지 말며 너희 진주를 돼지 앞에 던
지지 말라 저희가 그것을 발로 밟고 돌이켜 너희를 찢어
상할까 염려하라

개역개정 성경

4 보라 네 눈 속에 들보가 있는데 어찌하여 형제에게 말하기를 나
로 네 눈 속에 있는 티를 빼게 하라 하겠느냐
5 외식하는 자여 먼저 네 눈 속에서 들보를 빼어라 그 후에야 밝
히 보고 형제의 눈 속에서 티를 빼리라
6 거룩한 것을 개에게 주지 말며 너희 진주를 돼지 앞에 던지지
말라 그들이 그것을 발로 밟고 돌이켜 너희를 찢어 상하게 할까
염려하라

Matthew 7:1-6

NIV

4 How can you say to your brother, 'Let me take the speck out of your eye,' when all the time there is a plank in your own eye?

5 You hypocrite, first take the plank out of your own eye, and then you will see clearly to remove the speck from your brother's eye.

6 "Do not give dogs what is sacred; do not throw your pearls to pigs. If you do, they may trample them under their feet, and then turn and tear you to pieces.

말씀암송으로 얻은 은혜와 묵상

이사야서 40:27-31*

여호와를 앙망하는 자

개역한글 성경

27 야곱아 네가 어찌하여 말하며 이스라엘아 네가 어찌하여
이르기를 내 사정은 여호와께 숨겨졌으며 원통한 것은
내 하나님에게서 수리하심을 받지 못한다 하느냐

28 너는 알지 못하였느냐 듣지 못하였느냐 영원하신 하나님
여호와, 땅 끝까지 창조하신 자는 피곤치 아니하시며 곤
비치 아니하시며 명철이 한이 없으시며

29 피곤한 자에게는 능력을 주시며 무능한 자에게는 힘을
더하시나니

30 소년이라도 피곤하며 곤비하며 장정이라도 넘어지며 자
빠지되

31 오직 여호와를 앙망하는 자는 새 힘을 얻으리니 독수리
의 날개치며 올라감 같을 것이요 달음박질하여도 곤비치
아니하겠고 걸어가도 피곤치 아니하리로다

개역개정 성경

27 야곱아 어찌하여 네가 말하며 이스라엘아 네가 이르기를 내 길은
여호와께 숨겨졌으며 내 송사는 내 하나님에게서 벗어난다 하느냐

28 너는 알지 못하였느냐 듣지 못하였느냐 영원하신 하나님 여호와,
땅 끝까지 창조하신 이는 피곤하지 않으시며 곤비하지 않으시며 명
철이 한이 없으시며

29 피곤한 자에게는 능력을 주시며 무능한 자에게는 힘을 더하시나니

30 소년이라도 피곤하며 곤비하며 장정이라도 넘어지며 쓰러지되

31 오직 여호와를 앙망하는 자는 새 힘을 얻으리니 독수리가 날개치며
올라감 같을 것이요 달음박질하여도 곤비하지 아니하겠고 걸어가
도 피곤하지 아니하리로다

Isaiah 40:27-31*

NIV

27 Why do you say, O Jacob, and complain, O Israel, "My way is hidden from the LORD; my cause is disregarded by my God"?

28 Do you not know? Have you not heard? The LORD is the everlasting God, the Creator of the ends of the earth. He will not grow tired or weary, and his understanding no one can fathom.

29 He gives strength to the weary and increases the power of the weak.

30 Even youths grow tired and weary, and young men stumble and fall;

31 but those who hope in the LORD will renew their strength. They will soar on wings like eagles; they will run and not grow weary, they will walk and not be faint.

말씀암송으로 얻은 은혜와 묵상

예레미야서 33:1-3

하나님의 긴급전화

개역한글 성경

1 예레미야가 아직 시위대 뜰에 갇혔을 때에 여호와의 말
씀이 그에게 다시 임하니라 가라사대
2 일을 행하는 여호와, 그것을 지어 성취하는 여호와, 그
이름을 여호와라 하는 자가 이같이 이르노라
3 너는 내게 부르짖으라 내가 네게 응답하겠고 네가 알지
못하는 크고 비밀한 일을 네게 보이리라

개역개정 성경

1 예레미야가 아직 시위대 뜰에 갇혀 있을 때에 여호와의 말씀이
그에게 두 번째로 임하니라 이르시되
2 일을 행하시는 여호와, 그것을 만들며 성취하시는 여호와, 그의
이름을 여호와라 하는 이가 이와 같이 이르시도다
3 너는 내게 부르짖으라 내가 네게 응답하겠고 네가 알지 못하는
크고 은밀한 일을 네게 보이리라

Jeremiah 33:1-3

NIV

1 While Jeremiah was still confined in the courtyard of the
guard, the word of the LORD came to him a second time:

2 "This is what the LORD says, he who made the earth, the
LORD who formed it and established it--the LORD is his
name:

3 'Call to me and I will answer you and tell you great and
unsearchable things you do not know.'

말씀암송으로 얻은 은혜와 묵상

마태복음 11:28-30*

다 내게로 오라

개역한글 성경

28 수고하고 무거운 짐진 자들아 다 내게로 오라 내가 너희
를 쉬게 하리라

29 나는 마음이 온유하고 겸손하니 나의 멍에를 메고 내게
배우라 그러면 너희 마음이 쉼을 얻으리니

30 이는 내 멍에는 쉽고 내 짐은 가벼움이라 하시니라

개역개정 성경

28 수고하고 무거운 짐 진 자들아 다 내게로 오라 내가 너희를 쉬
게 하리라

29 나는 마음이 온유하고 겸손하니 나의 멍에를 메고 내게 배우라
그리하면 너희 마음이 쉼을 얻으리니

30 이는 내 멍에는 쉽고 내 짐은 가벼움이라 하시니라

Matthew 11:28-30*

NIV

28 "Come to me, all you who are weary and burdened, and I will give you rest.

29 Take my yoke upon you and learn from me, for I am gentle and humble in heart, and you will find rest for your souls.

30 For my yoke is easy and my burden is light."

말씀암송으로 얻은 은혜와 묵상

이사야서 41:10

참으로 도와주리라

개역한글 성경

10 두려워 말라 내가 너와 함께함이니라 놀라지 말라 나는
네 하나님이 됨이니라 내가 너를 굳세게 하리라 참으로
너를 도와주리라 참으로 나의 의로운 오른손으로 너를
붙들리라

개역개정 성경

10 두려워하지 말라 내가 너와 함께함이라 놀라지 말라 나는 네 하
나님이 됨이라 내가 너를 굳세게 하리라 참으로 너를 도와주리
라 참으로 나의 의로운 오른손으로 너를 붙들리라

Isaiah 41:10

NIV

10 So do not fear, for I am with you; do not be dismayed, for I
am your God. I will strengthen you and help you; I will
uphold you with my righteous right hand.

말씀암송으로 얻은 은혜와 묵상

사도행전 1:1-8

아버지의 약속을 기다리라

개역한글 성경

1 데오빌로여 내가 먼저 쓴 글에는 무릇 예수의 행하시며 가르치시기를 시작하심부터

2 그의 택하신 사도들에게 성령으로 명하시고 승천하신 날까지의 일을 기록하였노라

3 해 받으신 후에 또한 저희에게 확실한 많은 증거로 친히 사심을 나타내사 사십 일 동안 저희에게 보이시며 하나님나라의 일을 말씀하시니라

4 사도와 같이 모이사 저희에게 분부하여 가라사대 예루살렘을 떠나지 말고 내게 들은바 아버지의 약속하신 것을 기다리라

개역개정 성경

1 데오빌로여 내가 먼저 쓴 글에는 무릇 예수께서 행하시며 가르치시기를 시작하심부터

2 그가 택하신 사도들에게 성령으로 명하시고 승천하신 날까지의 일을 기록하였노라

3 그가 고난 받으신 후에 또한 그들에게 확실한 많은 증거로 친히 살아 계심을 나타내사 사십 일 동안 그들에게 보이시며 하나님 나라의 일을 말씀하시니라

4 사도와 함께 모이사 그들에게 분부하여 이르시되 예루살렘을 떠나지 말고 내게서 들은 바 아버지께서 약속하신 것을 기다리라

Acts 1:1-8

NIV

1 In my former book, Theophilus, I wrote about all that Jesus
began to do and to teach

2 until the day he was taken up to heaven, after giving
instructions through the Holy Spirit to the apostles he had
chosen.

3 After his suffering, he showed himself to these men and gave
many convincing proofs that he was alive. He appeared to
them over a period of forty days and spoke about the
kingdom of God.

4 On one occasion, while he was eating with them, he gave
them this command: "Do not leave Jerusalem, but wait for
the gift my Father promised, which you have heard me speak
about.

말씀암송으로 얻은 은혜와 묵상

사도행전 1:1-8

성령으로 세례를 받으리라

개역한글 성경

5 요한은 물로 세례를 베풀었으나 너희는 몇 날이 못 되어
성령으로 세례를 받으리라 하셨느니라
6 저희가 모였을 때에 예수께 묻자와 가로되 주께서 이스
라엘 나라를 회복하심이 이 때니이까 하니
7 가라사대 때와 기한은 아버지께서 자기의 권한에 두셨으
니 너희의 알바 아니요
8 오직 성령이 너희에게 임하시면 너희가 권능을 받고 예
루살렘과 온 유대와 사마리아와 땅 끝까지 이르러 내 증
인이 되리라 하시니라

개역개정 성경

5 요한은 물로 세례를 베풀었으나 너희는 몇 날이 못 되어 성령으
로 세례를 받으리라 하셨느니라
6 그들이 모였을 때에 예수께 여쭈어 이르되 주께서 이스라엘 나
라를 회복하심이 이 때니이까 하니
7 이르시되 때와 시기는 아버지께서 자기의 권한에 두셨으니 너
희가 알 바 아니요
8 오직 성령이 너희에게 임하시면 너희가 권능을 받고 예루살렘
과 온 유대와 사마리아와 땅 끝까지 이르러 내 증인이 되리라
하시니라

Acts 1:1-8

NIV

5 For John baptized with water, but in a few days you will be baptized with the Holy Spirit."

6 So when they met together, they asked him, "LORD, are you at this time going to restore the kingdom to Israel?"

7 He said to them: "It is not for you to know the times or dates the Father has set by his own authority.

8 But you will receive power when the Holy Spirit comes on you; and you will be my witnesses in Jerusalem, and in all Judea and Samaria, and to the ends of the earth."

말씀암송으로 얻은 은혜와 묵상

마태복음 6:33

먼저 그의 나라와 의를 구하라

개역한글 성경

33 너희는 먼저 그의 나라와 그의 의를 구하라 그리하면 이
모든 것을 너희에게 더하시리라

개역개정 성경

33 그런즉 너희는 먼저 그의 나라와 그의 의를 구하라 그리하면 이
모든 것을 너희에게 더하시리라

Matthew 6:33

NIV

33 But seek first his kingdom and his righteousness, and all
these things will be given to you as well.

말씀암송으로 얻은 은혜와 묵상

제2단계 과정의 묵상노트

1. 창 1:1(천지창조) "태초에 하나님이 천지를 창조하시니라." 이 말씀의 위대함이여! 하나님이 어떻게 무엇으로 창조하셨는가? 말씀으로 지으셨다. 인간의 과학이 어찌 그 오묘하신 권능을 다 알 수 있으랴. 지금은 소천하신 신종식 장로님은 수의사였는데 뒤늦게 예수님을 영접하고 열심히 믿었으나 동정녀 마리아가 수태한 사실만은 믿어지지 않아 기도하고 고민하던 중 창세기 1장 1절 말씀에 대한 설교를 듣고 일시에 자아가 무너지면서 눈물 콧물이 흐르며 회개 기도가 터져나왔고 동정녀 수태 사실이 믿어지더라고 간증하는 말을 들은 바 있다.

나는 성경의 첫 말씀(구약 창 1:1 ; 신약 마 1:1)과 마지막 말씀(구약 말 4:1-6 ; 신약 계 22:16-21)을 즐겨 묵상한다.

2. 출 20:1-21(십계명) 간추린 십계명을 외우는 것과 성경 말씀대로 십계명을 외우는 것은 격이 다르다. "나 여호와 너의 하나님은 질투하는 하나님인즉 나를 미워하는 자의 죄를 갚되 아비로부터 아들에게로 삼사 대까지 이르게 하거니와(5) 나를 사랑하고 내 계명을 지키는 자에게는 천 대까지 은혜를 베푸느니라(6)"는 말씀은 간추린 십계명만으로는 알 수 없다. 제2계명, "우상을 만들지도 말고 섬기지도 말라"는 말씀에 이어 주신 명령이다. 부모 된 자가 하나님을 기쁘시게 하면 천 대까지 은혜를 베풀어주시겠다는 약속은 참으로 자다가도 눈이 번쩍 뜨일 말씀

이 아닐 수 없다.

3. 신 28:1-6(후손이 복 받는 비결) 이 엄청난 하나님의 약속을 어찌 암송하지 않을 수 있으랴. 나는 다섯 아들 다섯 며느리, 열두 손자 손녀를 위시하여 모든 가정들을 위해서 창세기 12장 1-3절과 신명기 28장 1절을 외우면서 축복 기도를 한다. "세계 모든 민족 위에 뛰어나게 하시며 복의 근원이 되게 하사 모든 사람에게 복을 나누어주는 자녀가 되게 하옵소서"라고.

4. 수 1:8, 9(말씀묵상과 준행의 상급) 이보다 더 복된 주의 약속이 있을까. 주의 말씀을 내 입에서 떠나지 말게 하고, 주야로 그것을 묵상하며 말씀대로 산다는 것이 결코 쉽지는 않다. 그러나 사모하는 마음으로 힘쓰면 주께서 능력 주심을 경험한다. 입에서 떠나지 않도록 하는 첫째가 암송이다. 또한 주야로 그것을 묵상하기 위해 일상의 계획을 세워야 한다. 나는 새벽예배에 오가는 30분과 매일 10킬로미터씩 걷는 120분간을 말씀묵상의 시간으로 계획하여 오늘까지 만 2년간 지속하고 있다. 사람은 어떤 매임이 없으면 지속하기 어렵다는 사실을, 나는 칠십 평생을 통해서 절감했다. 이름하여 '거룩한 매임'의 기회를 스스로 만드는 것이 지혜가 아닐까?

5. 수 6:1-3(여리고 작전) 이 말씀을 적용하여 이슬비전도법이 개발되었다. 이슬비전도뿐이랴. 이 말씀을 온전히 적용하면 무슨 일을 계획할지라도 주께서 승리케 하실 줄 믿는다. 반드시 지

켜야 할 첫째 조건은 하나님의 명령과 약속의 말씀을 굳게 믿고 말씀대로 담대히 준행할 것. 둘째는 인간의 상식과 이성의 생각으로는 도저히 불가능할 것 같아 보일지라도 말씀대로 끝까지 지속하는 것이다.

6. 시 8:1-9(하나님의 권능과 은총) 19편과 함께 다윗이 노래한 창조주 하나님의 권능과 영광 그리고 인간에 대한 크신 은총을 아름답게 묘사한 찬양시. 바닷가나 높은 산에 올라가거나 깊은 숲 속에 들어가 하나님께서 지으신 신묘막측한 대자연을 향해 이 시를 소리 높여 읊조릴 때의 흠쾌함이여!

7. 창 12:1-4(복의 근원 축복) 아브람에게 주신 하나님의 약속이다. 아브람은 순종했고, 하나님은 약속을 지키셨다. 아브람이 큰 민족의 조상이 되게 하셨고, 복의 근원이 되게 하셨다. 어떤 장로님은 회사 사무실 벽에 3절 말씀을 적용한 액자를 걸어놓고 출입하는 고객들이 읽고 두려워 떨게 하였단다.

"○○를 축복하는 자에게는 내가 복을 내리고 ○○를 저주하는 자에게는 내가 저주하리니 너는 복의 근원이 될지라."

좀 시나치다는 생각은 들지만 그 믿음만은 칭찬할 만하다. 이보다는 "너는 복의 근원이 될지라"라는 액자가 읽기 쉽고 기억하기도 쉽지 않을까? 나는 나의 후손뿐 아니라 모든 이웃까지도 "○○를 복의 근원이 되게 하소서"라고 믿음으로 중보기도 한다.

8. 시 150:1-6(하나님의 권능 찬양) 시편 146편부터 150편은 모두 '할렐루야'(주를 찬양하라)로 시작하여 '할렐루야'로 끝나는 찬양시다. 시편의 대단원을 장식하는 이 시는 우리가 하나님을 어디서, 왜, 어떻게 찬양해야 하는지 노래한다. 시편 1, 23, 100, 150편을 이어서 묵상하는 것으로 새벽기도를 시작하면 성령 충만하게 됨을 경험한다.

9. 사 1:18-20(순종의 상급) 즐겨 순종한다는 것이 얼마나 귀한 일인가. 성경에서 하나님을 가장 기쁘시게 하는 것을 하나만 대라면 나는 '순종'을 들겠다. 아브라함은 하나님의 명령에 순종하여 믿음의 조상이 되었다. 말씀 곧 계명에 즐겨 순종하는 자는 죄 씻음을 받고, 분복을 누릴 수 있는데 반해 거절하여 배반하면 칼에 삼키우리라는 엄위한 말씀. 나다나엘 호손은 아마도 이 말씀을 묵상하는 가운데 불후의 명작 '주홍 글씨'를 쓰지 않았을까?

10. 사 14:24-27(주의 권능) 이스라엘을 괴롭힌 앗수르에 대한 예언의 첫 말씀. 만군의 여호와께서 "나의 생각한 것이 반드시 되며 나의 경영한 것이 반드시 이루리라"라고 선포하신다. 나는 이 말씀을 영어로 함께 묵상한다. 너무 좋다.

"Surely, as I have planned, so it will be, and as I have purposed, so it will stand."

11. 잠 16:1-9(여호와의 섭리) 나는 1, 3, 9절을 함께 묵상하기를 즐긴다. 오직 하나님 중심의 신앙이 영근다. 2절은 21장 2절과

함께 묵상하면 은혜가 더하다. 4절을 묵상하면서 나는 큰 깨달음을 얻었다. 이 세상에 있는 모든 악인들도 악한 날에 적당하게 세우신 하나님의 깊으신 뜻이 있음을 생각하게 된다. 5절을 묵상하면서 하나님께서 가장 미워하시는 것이 교만임을 깨닫게 되었다. 곧 사탄의 전략 1호가 인간을 교만하게 만드는 것. 얼마나 많은 사업가, 학자, 정치가, 성도나 교역자가 "교만은 패망의 선봉"(잠 16:18)임을 입증하고 있는가? 나는 아들들에게 기회 있을 때마다 "교만은 끝이다"라고 일러준다. 6절을 묵상하노라면 자녀교육의 우선순위가 하나님의 말씀을 마음에 새기게 하는 것임을 다짐하게 된다. 7절을 묵상하면 어떤 장로님 내외가 떠오른다. 교회에서 유별나게 좋아하는 사람과 싫어하는 사람을 구별하는 사람들이 있다. 그러나 그 장로님과 권사님만은 좋아할망정 싫어하는 사람이 없다. 겸손하고 친절하며 하나님께서 보시기에 선한 믿음의 삶을 살고 있기에. 8절은 경제활동의 지침 제1호다.

12. 시 107:9(하나님의 사랑) 이 말씀은 나의 삶의 지침이다. 하나님은 나 같은 건망증 환자도 말씀을 사모하게 하시고 순종하자 암송의 능력을 주셔서 주야로 묵상할 수 있게 하셨다. 젊은 시절 하루 세 갑의 담배를 태운 덕분에 기억소가 다 사라진 내가 아니던가? 지금도 말씀 외에는 무엇이든지 잘 잊어버린다. 그러나 기억력이 왕성한 젊은 신대원생들(이슬비장학생)과 어머니들(이슬비성경암송학교 유니게 과정)에게 암송교육을 시키고 있지 아니한가. 미쁘신 하나님의 약속의 말씀이여!

13. 잠 8:17(지혜의 약속) 지혜를 의인화하여 기록한 약속의 말씀. 나는 시편 107편 9절 말씀과 함께 이 말씀을 즐겨 묵상하며 힘을 얻곤 한다. 말씀을 사모하고 지혜를 사랑하는 사람을 하나님은 만족케 해주시며 더욱더 사랑해주신다.

14. 합 3:17-19(할지라도 믿음) "주께서 만일 저에게 어떻게 해 주신다면 믿으오리다"라고 하는 조건부 믿음은 누구나 가질 수 있다. 그러나 "비록 어떠할지라도 주를 믿고 따르리이다"라는 무조건적인 믿음은 참으로 귀하다. '86년 아시안 게임을 열심히 준비하던 기계체조 금메달 유망주 소녀 김소영은 연습 도중 입은 부상으로 하반신이 마비된 채 죽음만 생각하던 때에 병상에 놓고 간 이모의 쪽지 "비록 무화과나무가 무성치 못하며…"를 읽고 성령의 감동을 받아 예수를 영접하고 영적으로 새사람이 되어 지금은 휠체어를 타면서도 밝은 표정으로 장애선수들을 돕는 일을 하고 있다. 이 말씀으로 변화 받은 사람이 얼마나 많을까?

15. 마 7:1-6(산상수훈III. 남을 심판하지 말라) 이 말씀은 사람과 사람의 관계에서 일어나는 모든 일이 하나님의 목전에서 일어난다는 사실을 철저히 깨닫게 한다. 내가 나의 형제(남)를 비판하는 그대로 하나님께로부터 내가 비판을 받게 된다는 사실을 깨달은 사람은 더욱 두렵고 떨림으로 경건한 삶을 살 수밖에 없을 것이다.

16. 사 40:27-31(힘 주시는 하나님) 나는 예수 믿은 지 얼마 안 되어 마흔 다섯 나이에 기독교 출판사 규장문화사를 열었다. 당시 출판경력 25년의 경험을 바탕으로 시작한 출판 사업이 어려워지자 나는 오직 하나님께 의존할 수밖에 없었다. 그때에 큰 힘을 주신 말씀 중 하나다. 지금도 그렇고 영원히 그럴 것이다. 규장 가족이 아침마다 30분간 갖는 경건의 시간에 함께 암송하는 100절의 말씀 중의 한 구절이기도 하다.

"오직 여호와를 앙망하는 자는 새 힘을 얻으리니…."

17. 렘 33:1-3(하나님의 긴급전화번호) 내가 규장문화사의 문을 열고 얼마 안 가서 자금은 떨어지고 사업은 부진하여 하나님의 은혜에 갈급할 때에 한 친구가 와서 어떤 외국 선교사의 부흥회에서 들었다면서 '하나님의 긴급 전화번호가 'JER 3303' 이라고 알려주었다.

나는 그 자리에서 성경을 펴들고 "너는 내게 부르짖으라 내가 네게 응답하겠고 네가 알지 못하는 크고 비밀한 일을 네게 보이리라"(렘 33:3)라는 말씀을 반복하며 암송했다. 그 맛이 꿀보다 더 달았고, 목마른 사람에게 냉수 같았다. 그리하여 주야로 이 말씀을 암송하다보니 1, 2절 말씀까지 암송하게 되었고 그 은혜가 배가하는 것을 경험했다.

18. 마 11:28-30(위로의 말씀) 예수님의 따뜻한 음성이 들리는 말씀. 세파에 시달려서 지친 인생들에게 팔을 펴시면서 "내게로 와서 평안히 쉬라"는 주님의 위로의 말씀이다. 나는 이 말씀을

영어와 함께 묵상할 때에 갑절의 은혜를 받곤 한다.

19. 사 41:10(위로의 약속) 나는 언제부턴가 이 말씀을 이사야서 40장 31절 말씀과 여호수아서 1장 9절 말씀과 함께 묵상하는 버릇이 생겼다. 약 10년간 광야의 인생길에서 내게 이 말씀이 없었다면 배겨나지 못했을 것이다. 어찌 나 하나뿐이겠는가? 많은 사람들이 각자 자신의 광야 길에서 이 말씀으로 위로받고 힘입어 승리의 삶을 살 수 있으리라 믿으며, 영원토록 그러하리라 믿는다.

"주의 법이 나의 즐거움이 되지 아니하였더면 내가 내 고난 중에 멸망하였으리이다"(시 119:92).

20. 행 1:1-8(예수님의 지상명령) 흔히 우리는 사도행전 1장 8절 말씀만 즐겨 암송한다. 또한 이는 목사님들이 즐겨 택하는 설교 제목이기도 하다. 그러나 1절부터 암송하고 보면 놀라운 은혜와 지혜를 받게 된다. 예수께서 부활하신 후 40일 동안 사도들에게 여러 차례 나타나시사 하나님나라의 일을 여러 가지로 말씀하신다. 특히 몇 날 안에 성령으로 세례 받을 것을 말씀하셨다. 그렇지만 아직 성령을 받지 못한 사도들은 오직 육신의 일에만 관심이 있어서 "주께서 이스라엘 국권을 회복하실 때가 바로 지금입니까?"라고 질문한다. 그러나 예수께서는 짜증도 내시지 않고 "때와 시기는 아버지께서 기쁘신 뜻대로 주관하실 것이므로 너희의 알 바 아니다. 다만 성령이 너희에게 임하시면 너희가 권능을 받고 땅 끝까지 이르러 내 증인이 될 것이다"라며 타이르

신다. 나는 여기서 큰 은혜를 받았다. 전도를 하기 위해서는 주께서 주시는 권능이 있어야 하며, 그 권능은 성령을 받아야만 되고, 그러하기 위해서는 사모하는 마음으로 120문도처럼 간절히 모여 기도해야 한다는 것을 새삼 깨닫게 되었다. 성령 충만함으로 권능을 받는 일이 전도의 기본인데 우리는 전도방법에 더 많은 관심을 쏟고 있지는 않은가?

21. 마 6:33(하나님나라와 의) 예수님의 산상수훈 Ⅱ의 마지막 부분의 말씀이다. 일가 김용기 장로님은 이 말씀을 평생의 말씀으로 삼아 일제하에 가나안 이상촌을 세워 일제에 무저항 독립항쟁을 벌였으며, 광복 후에는 가나안 농군학교를 세워 잠자던 백성을 일깨웠다.

마무리

1단계는 6주 동안 100절을 암송하는 데 비해 2단계는 3개월 동안 100절을 암송하도록 하였다.

말씀암송을 공괴공부 하듯 하는 것은 지혜롭지 않다고 본다. 암송은 반복하고 또 반복하는 가운데 그 목적을 이룰 수 있다. 첫 100절을 6주 동안 암송하게 되므로, 1단계 100절의 복습시간을 감안하여 갑절의 시간 곧 12주로 시간을 늘린 것이다. 물론 1단계보다 암송의 능력이 향상되게 마련이므로 실제로 암송에 소요되는 시간은 더 짧아질 수 있겠다. 그러나 기초를 튼튼히 하기 위해서 복습과 새로운 암송을 함께하도록 권면한다.

첫째 달의 암송 절수는 모두 33절. 창세기, 출애굽기, 신명기, 여호수아 순으로 가려 뽑았다. 구약의 핵심인 십계명을 비롯하여 신명기의 축복은 모세를 통하여 주신 약속의 말씀이며, 그 후계자 여호수아에게 주신 위로와 명령과 축복의 말씀을 다루었다. 어두움의 세상 주관자들과 싸워 승리의 삶을 살기 원하는 현대인들에게 이 말씀들은 얼마나 큰 위로가 되며 힘과 용기를 심어주는지 모른다. 내가 받은 은혜를 함께 나누기 위하여, 그리고 내가 먼저 암송 묵상한 말씀을 가르치기 위하여 가려 뽑은 말씀이기에 모든 사람에게 만족함을 줄 수는 없을 것이다. 그러나 진실은 언제 어디서나 통하기에 많은 사람들로부터 공감을 얻으리라 믿는다.

둘째 달의 암송 절수는 모두 35절. 두 시편과 잠언과 이사야서, 창세기에서 가려 뽑았다. 시편 8편과 150편은 대자연의 신비를 보며 하나님의 무한하시고 신묘막측하신 창조의 권능을 노래한다. 이 말씀을 마음에 새기고 묵상한다는 것은 더없는 복이다. 창세기, 잠언, 이사야서 역시 만군의 여호와 하나님의 위대하신 섭리를 노래한다.

나는 '어떻게 해야 믿음의 사람이 될 수 있을까?' 에 대하여 많이 고민하고 많이 생각했다. 어디 나뿐이랴. 모든 성도의 공통된 고민이요 중대과제가 아닐까? 지금까지 얻어진 지혜로는 '믿음의 사람이 되기 위해서는 기도도 중요하고 말씀을 읽고 배우는 것도 중요하지만 성경이 하나님의 말씀으로 믿어져야 하는 것이 최우선순위'라는 것이다. 아무리 믿으려고 노력해도 믿어지지 아니하면 믿음의 사람이 될 수 없다. 믿어진다는 것은 전적으로 하나님의 영이 역사하셔야만 한다. 그러기 위해서는 먼저 믿음 주시기를 사모하는 마음으로 간절히 기도하면서 하나님의 말씀을 암송하여 이를 주야로 묵상할 때 주께서 주신다는 사실을 깨닫게 되었다.

그리하여 하나님의 권능의 말씀, 명령과 약속의 말씀을 반복하여 암송하며 묵상하다보니, 성경이 하나님의 말씀으로 믿어지며, 그 말씀 자체가 하나님이시라는 말씀(요 1:1)이 전적으로 믿어졌다.

나에게는 다섯 아들과 며느리, 열두 손자손녀가 있다. 그들 가운데는 멀리 떨어져서 명절 때나 특별한 날만 만나는 아이들이 있고, 가까운 곳에 살면서 자주 만나는 아이들이 있다. 나는 할아버지로서 날마다 그들의 이름을 불러가며 기도한다. 그러기에 몸은 비록 떨어져 있어도 한결같은 정을 갖게 된다고 생각한다. 그렇지만 부족하기만 한 사람인지라 그 자녀 사랑에 편애가 전혀 없을 수는 없다.

그러나 문제는 솔직한 손지손녀들의 반응이다. 늘 함께 있는 아이, 비교적 자주 만나는 아이, 드물게 만나는 아이들이 나의 사랑을 받아들이는 반응은 현저히 다르게 나타난다. '아, 하나님께서 우리를 사랑하심이 여일하실지라도 하나님을 향한 우리의 사랑은 하나님을 자주 만나거나 늘 함께하는 사람, 가끔 만나는 사람과 다르구나. 마치 어린 손자손녀들이 나에게서 느끼는 친근감이 다른 것처럼 그런 게로구나.' 감히 하나님의 자리에 할아버지를 앉힐 수야 없지만 이를테면 그런 것이 아닌가 하고 생각한다. 어떤 사람에게 하나님께서 믿음을 주실까? 늘 하나님의 말씀을 사모하면서 암송 묵상하는 사람이 아닐까? 나아가 말씀을 삶에 적용하고 말씀대로 살려고 노력하는 사람에게 하나님은 믿음을 주시고, 그도 믿어지게 되는 것이다. 말씀암송을 생활화하는 것이 믿음의 사람이 되는 지름길이다.

셋째 달의 암송 절수는 모두 32절. 비교적 짧은 절수의 말씀들로 구성되어 있다. 시편 107편 9절, 잠언 8장 17절, 이사야서 41장 10절 말씀은 오직 한 절로 된 말씀이지만, 나는 이 말씀들로 큰 위로를 받으며 용기를 얻고 확신의 삶을 이루어가고 있다. 시편 107편 9절 말씀 "저가 사모하는 영혼을 만족케 하시며…." 나는 이 말씀에 의지하여 건망증 환자이면서 감히 성경암송에 도전하고 있다. 말씀을 사모하고 열심히 노력하다보니, 몇 시간이고 암송하며 묵상할 수 있는 자리까지 올라오게 되었다.

또한 잠언 8장 17절 말씀, "나를 사랑하는 자들이 나의 사랑을 입으며 나를 간절히 찾는 자가 나를 만날 것이니라." 이 말씀에 의지하여 기도하며 말씀암송에 힘썼더니 늘 하나님을 마음에 모시고 살 수 있게 되었다. 이사야서 41장 10절 말씀은 여호수아서 1장 9절 말씀과 늘 함께 암송 묵상한다. 미쁘신 하나님께서 나를 붙들어주심을 믿기에 언제나 평안과 감사와 기쁨 가운데 살고 있다.

하박국서 3장 17-19절, 예레미야서 33장 1-3절, 이사야서 40장

27-31절 이 말씀들로 말미암아 비록 여러 가지로 연약한 자이지만 험한 세상에서 넉넉히 이겨 나갈 수 있는 용기와 능력을 공급받고 살아왔다.

마태복음 6장 33절, 7장 1-6절, 사도행전 1장 1-8절 말씀들로 인하여 날마다 말씀의 거울 앞에서 자아의 옷깃을 가다듬으며 새 힘을 얻고, 복음 전파에 최선을 다하고 있다.

이 모든 말씀들은 적어도 나에게는 잠시도 떠나 살 수 없는 친근한 말씀들이다. 제1단계 100절에 제2단계 100절을 더하여 날마다 암송하고 묵상하는 삶을 살 수 있다면 그는 믿음의 사람, 말씀의 사람, 예수의 첫 제자의 반열에 들어선 사람이 되지 않을까?

제2단계 과정을 마치면서

감리교의 창시자 요한 웨슬레(John Wesley) 일가 삼형제는 참으로 기묘한 인생의 출발을 했지요. 요한 웨슬레는 화재 속에서 구사일생으로 살아났고, 그의 동생 찰스 웨슬레(Charles Wesley)는 조산아로 강보에 싸인 채 여러 번 죽을 고비를 넘겨야 했구요. 한편 맏형 사무엘 웨슬레(Samuel Wesley)는 어떠했을까요?

태어나면서부터 말을 하지 않아 부모의 애간장을 태웠습니다. 어느 날 어머니 수잔나(Susanna)는 사무엘이 보이지 않자 당황하여 사무엘을 부르짖으며 찾았습니다. 그때 "엄마! 나 여기 있어요" 하며 탁자 밑에 숨었다가 나오는 아들을 발견했습니다.

그후 사무엘은 말문이 터졌고, 엄마는 즉시 알파벳을 가르치기 시작했고 나아가 읽기 쓰기를 가르쳤습니다. 과연 수잔나는 어떤 교재로 가르쳤을까요? 그것은 창세기였습니다. 얼마 지나지 않아 사무엘은 혼자서 창세기 1장 1절을 읽을 수 있었고, 그 다음은 10절까지 읽고, 그 다음은 1장을 통째로 암송했습니다. 이리하여 사무엘은 훌륭한 목사요, 시인이요, 교육자가 되어 두 동생 요한 웨슬레, 찰스 웨슬레와 함께 수많은 사람들에게 지대한 영향을 끼쳤습니다.

어려서 성경을 암송한다는 것은 그 인생을 바꾸는 계기가 됨을 사무엘 웨슬레는 증거하고 있습니다. 이슬비성경암송학교 유니게 과정 제3기 허사선 집사님의 간증을 소개하고 싶습니다.

"제 딸아이 정희가 말을 잘 하지 않고 자폐 증상까지 보이며, 학교도 잘 가지 않으려고 해서 얼마나 속이 상했는지 몰라요. 그랬는데 제가 암송학교에 들어와서 말씀을 암송하면서 조금씩 가르쳤어요. 처음에는 잘 따라 하지 않아 애를 좀 먹었어요. 그러나 차츰 나아지기에 칭찬도 해주면서 즐거운 분위기에서 꾸준히 가르쳤지요. 그랬더니 언젠가부터 자진해서 암송을 하기 시작하더라구요. 지금은 엄마보다 더 잘해요. 이제는 정희의 성격도 너무너무 밝아지고 사교성도 아주 좋아졌어요. 학교공부도 잘하게 되면서 부반장까지 하게 되었어요. 저는 말씀암송의 덕을 제일 많이 본 사람이에요."

무에서 유를 창조한다는 것은 결코 쉬운 일이 아니거니와 성패의 부담을 안아야 하는 모험이기도 합니다. 나는 오직 한 마음 곧 "어려서부터 말씀을 암송하고 날마다 생활에 적용하는 훈련을 쌓으면 그 인생은 하나님께서 책임져주신다"라는 신념으로 전인미답(前人未踏)의 이 길을 개척하기 시작했습니다.

돌이켜 생각해보니 '84년부터 '85년까지 1년 2개월 동안 부모와 떨어져 살고 있던 어린 다섯 조카딸들에게 매주 2절씩 암송 숙제를 내주고 다음 주일 밤에 검사하여 한 절에 100점씩 가산하여 마침내 1만1천2백 점, 즉 112절을 암송한 다음 부모 따라 미국에 보낸 일이 성경암송교육의 시발이 되었던 것 같습니다. 모든 교육의 효과는 예습과 복습을 철저히 하는 데서 두드러지게 나타나지만, 특히 말씀암송은 복습 또 복습, 이것이 가장 중요함을 나는 일찍부터 절감해왔습니다. 그리하여 "한번 암송은 영원한 암송"이라는 구호까지 만들게 되었지요.

제1단계는 6주 동안 100절을 암송하는 데 비해, 제2단계는 3개월 동안 100절을 암송하도록 했습니다. 그것은 복습의 여유를 주기 위함이지요. 처음 100절을 암송하는 데 소요되는 시간보다 다음 100절을 암송하는 데 소요되는 시간이 현저하게 줄 것임에도 불구하고 시간적 여유를 배로 준 것은 그만큼 더 복습을 많이 하라는 뜻인데 실제로는 좀더 게을러지는 경향을 보아왔습니다. 그러나 성실히 순종하는 학생은 놀라운 진보를 경험하게 될 겁니다.

우리에게는 꿈이 있습니다. 하나님께서 우리에게 허락하신 '303비전'의 아름다운 꿈이 있습니다.

하늘은 스스로 돕는 자를 돕는다고 합니다. "부지런하여 게으르지 말고 열심을 품고 주를 섬기라"(롬 12:11)는 말씀대로 순종하기만 하면, 내가 너로 세계 모든 민족 위에 뛰어나게 하리라(신 28:1)는 약속이 이루어질 줄 믿습니다.

말씀이 내 안에 들어오니…

암송을 시작하면서 내가 먼저 변한 것을 봅니다. 말씀이 내 안에 들어오니까 보이는 것이 아름답고 항상 기쁨을 느끼게 됐어요. 하나님께서 그 분의 뜻대로 살게 해주시니까요. "항상 기뻐하라 쉬지 말고 기도하라 범사에 감사하라 이는 그리스도 예수 안에서 너희를 향하신 하나님의 뜻이니라"(살전 5:16-18). 요셉이와 예찬, 저와 셋이서 경쟁하며 암송하는 시간이 얼마나 행복한지요. 제 마음도 이런데 하나님께서는 얼마나 기쁘실까요. 말씀을 생활화해야 되겠다고 마음먹으니 말씀을 사모하게 되고 묵상하고 암송하고 찬송하는 시간이 많아졌습니다.

8기 강미순 집사 / 분당중앙교회

신기할 정도로 잘 외워져요

이전에 암송할 때는 왜 그렇게도 안 외워지던지 '나는 할 수 없구나' 했는데 암송학교에서 외울 때는 정말 신기할 정도로 잘 외워졌습니다. 참으로 감사드립니다.

8기 국성순 집사 / 분당중앙교회

하나님의 동행하심을 체험했어요

말씀을 암송하며 하나님의 동행하심을 체험했고 또한 이 모양 저 모양으로 인도하시는 하나님께 순종하는 것이 축복의 길이라는 것을 다시 깨달았습니다. 순종하기 위해서는 말씀을 알아야 하고, 암송함으로 말씀이 항상 내 속에 있어야 함을 알게 하신 하나님께 감사드립니다.

8기 김명희 집사 / 분당중앙교회

우리 모녀의 사랑이 회복되었어요

하나님, 감사합니다. 말씀과 함께 성령님도 오심을 느꼈습니다. 6주 내내 감사, 감사가 이어졌고, 줄곧 기쁨이 넘치는 생활이었습니다. 저의 딸 박소영에게는 예쁜 미소가, 얼굴에 만족함과 평안함이 함께했습니다. 무엇보다 엄마인 저에 대한 사랑이 회복되는 시간이었습니다. 저도 고린도전서 13장 1-13절 말씀을 따라 진정한 사랑을 위해 피 흘리기까지 노력하는 중입니다.

8기 김미옥 성도 / 분당중앙교회

이 기쁨을 더 많은 분들과 함께하고 싶어요

1단계 암송을 마치고 난 후 100절을 외운 기쁨은 이루 말할 수 없고 주변의 많은 사람들과 앞으로도 계속적으로 이 기쁨을 나누려고 합니다. 우리 아이들, 주일학교 제자들, 조카들, 이웃이나 구역의 어린이들에게 말씀암송을 시키거나 또는 권면해서 말씀암송의 기쁨을 나누어 아이들의 변화되는 모습으로 하나님께 영광을 돌리고 싶습니다. 이슬비성경암송학교를 모든 분에게 권하고 싶습니다.

8기 김미혜 집사 / 분당중앙교회

'한 번 암송은 영원한 암송'

처음 시작했을 때는 암송이 잘 될까 하는 마음이 있었는데, 장로님이 암송을 왜 하는지 설명하는 말씀을 듣고 기도하며 열심히 하다보니 잘 외워지고 또 마음에 은혜가 충만해짐을 느꼈습니다. "한 번 암송은 영원한 암송이다"라는 말을 생각하며 한 번으로 그치지 않고 지속적으로 끝까지 암송하리라 다짐합니다.

8기 김영자 집사 / 분당중앙교회

많은 도전을 받았습니다

평소 성경암송에 대한 소망이 있었는데 금번 기회를 통해 은혜 받게 된 것을 깊이 감사드립니다. 간증시간과 암송 발표시간에 참으로 많은 도전을 받았습니다. 하니비식 암송법을 배웠으니 또 앞으로 살아갈 많은 날들 동안 암송해야 할 많은 말씀을 이 방법으로 실천해보고자 합니다.

9기 김원숙 집사 / 동문교회

새로운 도전의 기회

많은 부분에서 새로운 도전을 받았습니다. 이슬비전도학교에서부터 암송학교까지 정말 감사합니다.

9기 김혜숙 집사 / 은석교회

생활의 중심이 생기기 시작했어요

암송학교에 다니면서 생활의 중심이 생기기 시작했습니다. 영적으로 안정을 찾아가고 있습니다. 갈등과 고민 속에서 헤어 나오지 못하고 있을 때 하나님께서는 저를 암송학교에 보내셨습니다. 모든 생활 속에 동기부여를 해주신 하나님과 장로님께 감사드립니다. 암송학교, 너무나 좋았습니다.

8기 나정순 집사 / 서울은혜교회

좋은 신앙인, 멋진 할머니가 되기를 기원합니다

할렐루야! 암송학교를 통하여 말씀을 되새김질하게 해주신 하나님께 감사드립니다. 여러 가지 봉사를 다 정리할 수는 없으니 조금 줄여가면서 성경암송에 저의 시간을 투자하여 좋은 신앙인, 멋진 중년과 노년, 그리고 말씀이 녹아진 할머니로 성숙해가기를 기원하고 있답니다. 남편과도 협력하여 다함께 말씀을 사모하고 말씀 암송을 사모하는 가정으로 거듭나기를 열망하고 있습니다.

9기 문온유 집사 / 할렐루야교회

목회 방향 역시 암송에 큰 비중을…

나의 목회 방향 역시 암송에 큰 비중을 둘 것이며 나 자신의 신앙도 암송에 비중을 두고자 합니다. 내게 오는 양들에게 암송을 통해 풍성한 생명의 꼴을 먹이도록 노력할 것입니다.

9기 박병화 목사 / 은평교회

이제는 영어로도 외우기로…

아이들과 늘 암송하게 되었다는 것에 크게 놀랐고 바쁜 예배 가운데서도 주일학교 아이들에게 암송을 하게 했습니다. 어떤 아이들은 선생님 때문에 교회 오려 하면 암송해야지 하는 생각부터 난다고 말해서 감사했습니다. 앞으로도 계속 암송하고 또 영어로도 암송하기로 다짐합니다.

8기 박상순 집사 / 분당중앙교회

"아! 이거다"

어느 날 새벽기도를 다녀와서 국민일보를 펼치다가 이슬비암송학교 광고를 보고는 "앗! 이거다" 하는 생각이 들었습니다. 평소 "아이들을 말씀으로 어떻게 양육할까?" 하는 고민과 부담을 안고 일기를 써왔는데 귀한 장로님을 만나 말씀을 암송하는 훈련을 받게 하신 하나님께 감사합니다. 아이들의 말씀 암송소리, 엄마의 말씀 암송소리가 끊이지 않도록 앞으로 끈기 있게 할 수 있기를 성령님께 의탁드립니다.

9기 박성희 집사 / 지구촌교회

"엄마, 암송 안 해?"

큰아들 성우가 말씀 암송에 관심을 갖게 되었습니다. 내가 잊고 있을 때는 성우가 "엄마, 암송 안 해?" 하며 내 마음을 두드려주어서 다시 도전하게 만들어주는 일도 매우 보람 있습니다. 항상 말씀 사모하는 마음으로 내 삶을 점검하며 살아가야겠다고 다짐해봅니다.

8기 박영희 집사 / 분당중앙교회

찬송이 절로 나는 시간들이었어요

찬송이 절로 나는 시간들이었습니다. 많은 기회, 많은 모임이 있지만 암송학교의 기회는 진정 주님 품에 안겨 말씀을 듣던 요한의 모습을 떠올리게 합니다.

9기 박윤숙 집사 / 영동교회

6주에 100절을 외고 나니…

하나님의 말씀을 내 가슴에, 내 속에 둔다는 것이 얼마나 기쁜 일인지 이슬비암송학교를 통해서 알게 되었습니다. 6주라는 단기간에 성경을 100절이나 외우고 나니 너무나 기뻤습니다.

9기 배상희 집사 / 분당중앙교회

시편을 영어로 암송하겠다는 아이를 보며…

무엇보다 아들아이와 함께 암송한 것이 참 기뻤습니다. 그동안 말씀을 읽도록 하는 일은 신경을 써왔지만 암송의 중요성을 잘 알지 못해 암송은 시키지 못했었는데 이렇게 귀한 기회를 주신 주님과 여 장로님께 감사드립니다. 아이는 지금 시편 읽기와 영어성경 쓰기를 시작했습니다. 시편을 영어로 암송하겠다고 각오가 대단한데 주님이 꼭 붙들어주실 줄 믿습니다.

8기 백명애 집사 / 분당중앙교회

말씀에 사로잡혀 살게 하셨으니…

그동안 저에게 꿈과 용기를 갖게 해주신 장로님의 가르치심에 감사드립니다. 기도할 때마다 세상 지식이 부족하여 염려하던 저에게 하나님의 말씀의 지식으로, 말씀에 사로잡혀 살게 하신 하나님께서 저에게 크고 비밀한 일을 알려주셨습니다.

8기 송경순 집사 / 분당중앙교회

기도할 때마다 떠오르는 말씀

암송을 할 수 있게 해주신 하나님께 감사합니다. 그동안 말씀이 내 안에 없어서 기도하면서도 확신하지 못했는데 기도할 때 말씀을 붙들 수 있게 됐습니다. 하나님은 말씀이시며 말씀으로 우리 가정에 언약을 세워 가실 줄 믿습니다.

9기 양향옥 집사 / 소망의닻교회

이렇게 즐거워짐에 감사합니다

하나님의 말씀을 많이 읽고 묵상하기로 다짐해보았지만 여러 번 하다가 중도에 그만둔 적이 많았습니다. 그러나 이번 암송학교를 통하여 말씀을 암송하고 또 자녀에게 가르치며 함께하는 동안 하나님이 우리와 함께하시며, 도와주심을 느꼈습니다. 많은 은혜를 받는 시간이었습니다. 하나님의 말씀을 암송하며 이렇게 즐거워지는 나의 삶에 대해 하나님께 감사드립니다.

9기 오응심 집사 / 은석교회

새벽기도회에 다시 나가게 되었습니다

들쭉날쭉하던 새벽기도회를 마음 다잡아 나가기 시작했습니다. 성경암송학교에 나오면서 특히 말씀암송을 통해 견고하고 아름답게 인생을 사시는 장로님이 너무나 멋져 보이고, 저도 그렇게 멋지게 하나님 앞에 살아야겠다고 결심해봅니다.

9기 윤영옥 집사 / 은석교회

생명의 말씀이 내 안에 계시니

암송하면서 가장 기뻤던 것은 생명의 말씀 곧 하나님이 내 안에 계신다는 사실이었습니다. 시편 1편, 23편, 요한복음 1장, 15장, 고린도전서 13장, 마태복음 5장, 7장 등 긴 요절을 다 암송할 수 있었다는 사실이 너무나 자랑스럽습니다.

8기 이숙자 집사 / 분당중앙교회

주일학교와 장년부에서도 말씀 암송을…

감사합니다. 5주 동안 먼 거리를 오가며 몸살까지 나면서(끙끙 앓음) 들은 여 장로님의 말씀이 은혜로웠고 각 강사님의 강의가 도움이 많이 되었습니다. 가정에서, 개인에게, 또 교회 주일학교 장년부 등에서 말씀암송이 활성화되고 있습니다.

9기 이순복 사모 / 옥수장로교회

아이들의 영혼에 새 생명을 주심을 깨달았어요

주님께서 내 안에 말씀으로 거해주신다는 기쁨과 평안을 맛보았습니다. 말씀 암송이 아이들의 영혼에 빛나는 새 생명을 주신다는 사실을 깨닫게 되었습니다. 주일학교 아이들이 말씀 암송을 통해 이루어가고 변화되어가는 모습을 보는 것은 참으로 기쁘고 즐거운 일입니다.

8기 이한나 성도 / 서울은혜교회

사랑장으로 승리를 체험했어요

말씀 암송을 통하여 말씀만이 나의 위로가 되었고 내게 큰 힘이 되었으며 고린도전서의 사랑장을 통하여 이겨낼 수 있었습니다.

8기 이혜경 집사 / 명성교회

유대인의 교육에 도전을 받고…

사랑의교회(옥한흠 목사님) 대학2부에서 암송을 한 바 있습니다(네비게이토 암송카드) 지금은 그 암송 구절을 잊었기에 암송에 대한 사모함이 있었는데 이슬비암송학교에 오게 되어 무척 감사합니다. 유대인의 교육법인 말씀 암송에 많은 도전을 받았고, 왕희, 주희에게 암송할 수 있는 계기가 마련되어 더욱 감사하고 있습니다.

9기 임종미 사모 / 예수마을교회

노쇠한 두뇌로 완주의 기쁨을…

늦었다 생각할 때가 시작이라고 하더니, 3년 전 가락동에 있는 교회에서 장로님께 이슬비전도교육을 받았습니다. 또 말씀 암송이 자녀교육에 큰 힘이 되고 자신의 신앙생활에 능력이 된다는 이번 암송학교 강의 또한 경청했습니다. 도전을 받고 300절을 목표로 외우겠다고 다짐했지만 진전이 없었는데 이번 암송학교를 통해서 그 목표를 달성했습니다. 노쇠하고 우둔한 두뇌로 힘들었지만 완주의 기쁨을 맛보게 해주신 하나님께 너무나 감사합니다.

9기 임채임 권사 / 동문교회

"엄마, 나 이제 여기 암송할게"

감사하고 감사하고 또 감사합니다. 말씀에 대한 사모함이 더욱 간절해지고 암송하고 싶은 말씀이 너무 많아졌습니다. 아이들도 이제는 하라고 하지 않아도 스스로 다음 말씀을 찾아서 "엄마, 나 이제 여기 암송할게"라고 합니다. 이제부터 시작입니다.

9기 장복숙 사모 / 평강교회

5단계 500절을 암송할 작정입니다

이 기간 내내 말씀을 암송하고 묵상하면서 감격과 기쁨이 넘쳐났고 좋은 일도(영혼 구원) 일어났습니다. 또 자녀(장준원 고3, 두원 고1)에게도 말씀을 암송시켜야겠다는 소원도 생겼고 그동안 자녀를 방치해둔 것 같아 마음이 아팠습니다. 하여튼 성경 100절을 암송하고 나니 더욱더 말씀을 사모하게 되었으며 앞으로 5단계 500절을 암송할 작정입니다.

8기 전경미 지역장 / 여의도순복음교회

남편에게 칭찬도 받았어요

특별히 은혜 받은 때는 아들과 함께 같이 처음 암송 시합을 했을 때와 그후 남편에게 칭찬받았을 때입니다. 고린도후서 5장 17절 말씀을 암송하고 묵상하면서 깊은 깨달음이 있었습니다. 여태까지 나의 잘못된 생각으로 인한 껄끄러움이 사라지면서 하나님의 평강이 찾아들었습니다.

8기 전숙향 집사 / 분당중앙교회

아이들이 너무도 쉽게 외워요

성경 말씀을 읽고 그 순간 은혜 받고 지나치는 것이 아니라 하나님께서 내게 주시는 말씀으로, 내 안에서 살아 역사하시는 말씀으로 내 안에 담기 위해서는 암송을 그치지 말아야 한다는 것을 새삼 느끼게 되었습니다. 늘 알던 말씀, 내가 알고 있던 말씀들을 외우면서 한 구절 한 구절마다 깊은 의미와 뜻이 꼭 내게 하시는 말씀인 것 같아 은혜로웠습니다. 성경 말씀 하면 어렵게만 생각하던 아이들이 그 말씀을 너무도 쉽게 줄줄 외웠던 것도 커다란 결실이 아닐 수 없습니다.

8기 전정혜 집사 / 분당중앙교회

자녀교육의 고민을 깨끗이…

처음 고린도전서 13장 전장을 외울 때는 내가 정말 외울 수 있을까 의문을 가지고 시작했습니다. 하지만 한솔이 앞에서 전장을 다 외울 때 나 자신도 놀랐고, 한솔이의 '엄마가 다 외우다니' 하는 표정을 보면서 조금은 자신감이 생겼습니다. 한솔이도 엄마를 보면서 요절 암송에 도전할 의사를 보였습니다. 간단한 요절 암송은 엄마를 따라 쉽게 외우는 것을 보았습니다. 하나님께서 좋은 기회를 허락하셔서 자녀를 어떻게 신앙으로 교육시켜야 하는지 고민하던 제게 많은 것을 깨닫게 해주셔서 정말 감사합니다.

8기 정두염 집사 / 분당중앙교회

중단되었던 가정예배를 다시…

이슬비암송학교를 통해 중단되었던 가정예배를 다시 드리게 되었고 예배를 드리며 암송을 하면서 아이들의 모습이 확연히 달라졌습니다. 암송을 하면서 아이들만 시키고 저는 잘 하지 않았는데 하루는 오수가 책을 빼앗으면서 "엄마도 해보세요. 우리만 시키지 말고"라고 하는 거예요. 그래서 고린도전서 13장 1-13절, 신명기 6장 4-9절, 시편 1편 1-6절, 시편 23편 1-6절 등을 줄줄 외웠더니 오수가 조금은 놀라는 표정이었어요. 그 다음날부터 오수의 예배드리는 태도와 암송하는 태도가 정말 많이 달라졌습니다. 가정예배와 암송을 통해 오수와 규리가 하나님께 영광 돌릴 줄 믿습니다.

8기 정민자 집사 / 분당중앙교회

나의 삶이 많이 달라졌어요

암송 전후의 삶이 많이 달라졌습니다. 기쁨, 성령 충만, 늘 감사의 생활을 하게 되었습니다. 석사학위 받고 감퇴되어가던 녹슨 머리와 척박한 마음에 참지혜와 참신앙 회복으로 얻은 평화가 넘치게 되어 마치 독수리처럼 새롭게 살게 된 것 같습니다.

9기 정혜선 성도 / 분당샘물교회

저의 영혼이 소성됨을 감사드립니다

저는 신앙생활을 시작한 지 19년이 되었습니다. 예전부터 제자훈련과 성경공부를 많이 했지만 저의 마음 가운데는 늘 두려움과 불안한 마음이 있었습니다. 하나님을 항상 두려운 하나님으로 제 마음에 모시고 있었던 것을 발견했습니다. 저의 영혼이 소성됨에 감사드립니다. 제가 변화됨으로써 남편과 자녀를 더 큰 사랑으로 섬기게 될 것 같습니다.

8기 조명기 집사 / 분당중앙교회

말씀의 오묘함이 가슴에 와 닿는 것 같아요

제자훈련 때 카드로 1절씩만 외우다가 열정으로 가르치시는 장로님의 영향으로 장으로 연결해서 외우니 아둔한 저도 조금 외워지고 말씀의 오묘함이 가슴에 와 닿는 것 같아 6주 동안 정말 유익하고 재미있었습니다.

8기 조성숙 집사 / 분당중앙교회

잡생각이 비집고 들어올 틈이 없습니다

기도생활을 하다 가끔 끊길 때, 지속적으로 못하고 있을 때 머릿속에 온갖 생각들이 들어옵니다. 대부분 부정적인 생각들이 지배하기 때문에 괜스레 짜증도 나고 부부싸움도 가끔 하죠. 그러나 말씀을 암송하고 보니 다른 잡생각들이 들어올 틈이 없습니다. 마음에 이상한 생각이 들어온다 싶으면 곧바로 "내가 참포도나무요 내 아버지는 그 농부라" 하고 암송하니 항상 마음이 하나님을 즐거워합니다. 말씀을 묵상하다보니 참으로 신앙생활에 유익하고 화낼 일도 없는 것 같습니다.

9기 조원유 집사 / 신성장로교회

두 딸이 따라서 암송을 시작하는 것을 보고…

100절을 암송하면서 정말 하나님의 말씀이 얼마나 좋았던지…. 암송할 때마다 하나님의 임재하심을 느끼며 나와 동행하시고 내게 지혜 주심을 알 수 있었습니다. 또 특별히 감사한 것은 이 학교에 오면서 내 자녀들에 대한 시각을 바꾸게 되었다는 것입니다. 자녀교육의 우선순위가 세상 사람들과 별다르지 않았던 자신을 돌아보게 되었습니다. 나의 우려와는 달리 내가 암송하는 모습을 지켜보는 것만으로도 두 딸이 따라서 암송을 시작하는 것을 보고 그동안의 제 생활을 깊이 회개하였습니다. 또 한 가지 변화는 말씀을 암송하니 그 말씀에 대한 묵상의 깊이가 달라졌다는 것입니다.

8기 차현숙 성도 / 여의도순복음교회

날마다 기쁨이 샘솟는 생활을…

지금까지 교회를 다니지만 여태껏 말씀으로 무장되지 않았기에 이번 기회에 꼭 말씀을 사모하고 말씀으로 무장하는 삶을 살아야겠다는 생각에 마음을 다잡고 해보기로 했습니다. 말씀과 동행하는 삶이 이렇게 힘이 되는 줄 몰랐다가 날마다 마음 가운데 기쁨이 솟구치는 생활을 하고 있습니다. 어딜 가나 당당히 나의 모습이 세워져감을 느낍니다.

8기 최순옥 집사 / 분당중앙교회

암송일기의 귀함도…

암송일기를 쓰는 것은 참으로 귀한 시간이었습니다. 그냥 지나쳐버릴 수도 있는 시간과 느낌이지만 돌아보니 큰 도전이 되었고 장로님이 적어주신 글들도 내 마음을 풍요롭고 그리고 눈물나게 했습니다.

8기 최에스더 사모 / 남서울평촌교회

모든 문제가 깨끗이 풀렸어요

가정예배를 드리고 자녀와 함께 기도를 하고 교회에 매일 데리고 다니면서도 나는 늘 우리 아이에 대한 만족감이 없었습니다. 모태신앙인 우리 아이가 "못해요" 신앙이 되지 않을까, 또는 머리만 큰 능력 없는 아이가 되지 않을까 하고 여러 가지 걱정했으나 저는 이제 해결방법을 찾았습니다. 저는 말씀에 의탁된 우리 아이가 힘든 세상을 이기며 살 거라는 확신이 있습니다. 말씀 외우며 자고 일어나는 큰 기쁨을 누리게 되어 너무 즐겁습니다. 또한 태중의 아이를 생각하며 항상 감사합니다. 하나님과 늘 동행하는 거룩한 매임에 매인 가정을 이루겠습니다. 우리 교회 유아부에서도 간증하고 사례 발표해서, 수료증에 적어주신 대로 파송된 자로 살겠습니다.

8기 최영옥 집사 / 서대문교회

오가는 차 안에서 암송하니…

은석교회에서 7명이 유니게 1단계 암송학교에 입학하면서 모두들 큰 기대를 갖고 마음이 설레었습니다. 수요일마다 서울 대방동에서 분당까지 오고 가면서 차 안에서 모두 함께 한 목소리로 암송하면 너무 기쁘고, 즐겁습니다. 7명 모두 빠지지 않고 열심히 참석하게 해주신 하나님께 감사합니다.

9기 최종길 집사 / 은석교회

마음과 몸의 치유를 경험했어요

하나님의 말씀을 외우면서, 그 말씀이 내 안에 거하면서 내 마음의 치유와 내 몸의 치유를 체험했습니다. 그리고 의례 행사처럼 교회를 다니던 우리 아이들과 나에게 말씀이 전해지면서 하나님을 가까이 하며 말씀을 생각하며 생활할 수 있다는 것에 무한한 감사를 느낍니다.

8기 허순정 집사 / 분당중앙교회

이제 교회 안에서 암송의 열기가…

이슬비암송학교에서 여 장로님의 특별하신 방법과 은혜로 짧은 시간 안에 100절 가량을 암송하게 된 것이 참으로 기쁘고 감사합니다. 이제 저희 교회에서도 유니게 암송학교와 디모데 암송학교를 열 준비를 해야겠다는 생각으로, 이 거룩한 매임을 통해 저 자신이 먼저 큰 복과 은혜를 누리며 각 가정의 모자, 모녀 또는 할머니와 손자손녀 간의 암송 열기가 우리 교회 가운데 일어날 것을 기대해봅니다.

9기 현해순 목사 / 동문교회

이슬비성경암송노트

유니게 과정 1 · 2단계 각 100절

초판 1쇄 발행 2003년 2월 11일
초판 8쇄 발행 2006년 5월 22일
개정판 1쇄 발행 2006년 9월 1일
개정판 27쇄 발행 2019년 12월 10일

엮은이 여운학
펴낸이 여진구
펴낸곳 규장

주소 137-893 서울시 서초구 양재2동 205 규장선교센터
개최문의 02)575-0691(영육구원) 011-9732-0697
대표전화 02)578-0003 팩스 02)578-0245

인터넷홈페이지
이슬비전도학교 Isulbi.Godpeople.com
303비전성경암송학교 HoneyBee.Godpeople.com
303비전장학회 Holyisulbi.Godpeople.com
등록일 1978.8.14. 제1-22

책값 뒤표지에 있습니다.
ISBN 89-7046-713-0 03230

규 | 장 | 수 | 칙

1. 기도로 기획하고 기도로 제작한다.
2. 오직 그리스도의 성품을 사모하는 독자가 원하고 필요로 하는 책만을 출판한다.
3. 한 활자 한 문장에 온 정성을 쏟는다.
4. 성실과 정확을 생명으로 삼고 일한다.
5. 긍정적이며 적극적인 신앙과 신행일치에의 안내자의 사명을 다한다.
6. 충고와 조언을 항상 감사로 경청한다.
7. 지상목표는 문서선교에 있다.

하나님을 사랑하는 자 곧 그 뜻대로 부르심을 입은 자들에게는 모든 것이 合力하여 善을 이루느니라(롬 8:28)

Member of the Evangelical Christian Publishers Association

규장은 문서를 통해 복음전파와 신앙교육에 주력하는 국제적 출판사들의 협의체인 복음주의출판협회(E.C.P.A:Evangelical Christian Publishers Association)의 출판정신에 동참하는 회원(Associate Member)입니다.

사도신경

전능하사 천지를 만드신
하나님 아버지를 내가 믿사오며,
그 외아들 우리 주 예수 그리스도를 믿사오니,
이는 성령으로 잉태하사
동정녀 마리아에게 나시고,
본디오 빌라도에게 고난을 받으사,
십자가에 못 박혀 죽으시고,
장사한 지 사흘 만에 죽은 자 가운데서
다시 살아나시며, 하늘에 오르사,
전능하신 하나님 우편에 앉아 계시다가,
저리로서 산 자와 죽은 자를 심판하러 오시리라.
성령을 믿사오며,
거룩한 공회와, 성도가 서로 교통하는 것과,
죄를 사하여 주시는 것과,
몸이 다시 사는 것과,
영원히 사는 것을 믿사옵나이다.
아멘.

The Apostles' Creed

I believe in God, the Father almighty, creator of heaven and earth.

I believe in Jesus Christ, his only Son, our Lord.
He was conceived by the power of the Holy Spirit, and born of the Virgin Mary.
He suffered under Pontius Pilate, was crucified, dead, and buried.
He descended to the dead. On the third day he rose again.
He ascended into heaven, and is seated at the right hand of the Father.
He will come again to judge the living and the dead.

I believe in the Holy Spirit, the holy catholic church, the communion of saints, the forgiveness of sins, the resurrection of the body, and the life everlasting.
Amen.